中東と世界

2024-2035

石田和靖
Kazuyasu Ishida

大高未貴
Miki Otaka

かや書房

まえがき

いよいよトランプ2・0が始まる！

2度の暗殺未遂も不正選挙も跳ね返し、トランプが大統領に返り咲いた。

バイデン時代の中東政策は最悪だった。大統領選挙を有利にするためにサウジアラビアに圧力をかけようとしたが、相手にされず、ブリンケン国務長官がイスラエルをウロウロしている間に中国がサウジとイランの国交正常化を決めてしまった。バイデンがいくらネタニヤフに戦争をやめるように言っても、バカにされていたのか、少しもイスラエルの攻撃はやまなかった。

トランプは違う。「私が大統領になれば、24時間以内に戦争は終わらせる」と断言し、世界の争いの大本であるディープステートを倒すと明言した。

実際、トランプ1・0時代には、議会はねじれで抵抗勢力もあったが、アブラハム合意を成し遂げ、戦争はなかった。

トランプ2・0では、上院も下院も共和党で、州知事も共和党が多数だ。

アブラハム合意でとまるはずだったイスラエルのパレスチナへの入植、その結果起こった10月7日のインティファーダ。それからも凄まじい勢いで続いたイスラエルの攻撃。

日本の大手メディアでは流れないその裏を、旅するジャーナリスト、大高未貴さんと8時間、じっくりと話した。大高さんは、私ですら知らない話をたっぷりと話してくれた。目から鱗の話が満載だった。考えさせられる話が多かった。

日本人は中東での出来事を他人事と思っているかもしれないが、戦争でカネを稼ぐDSたちがいる限り、いずれは日本にも戦火に巻き込まれる可能性が高かった。

トランプは得意のディールで、アメリカにマイナスになる出来事を次々に解決していくことだろう。

心配なのは、日本がトランプに対抗して、自分なりのディールができるかどうかだ。トランプ2・0で起こるG7やNATO、BRICSの変化に日本がついていけるかどうかだ。だから、ぜひ、日本の政治家のみなさんも本書を読み、中東やBRICSの今を知ってほしい。

本書でも繰り返し述べたが、過去を知り、現在を読み解くことが重要だからだ。

そういう意味で、本書は古くならない。タイトル通り、2035年まで読みつがれてほしい。

石田和靖

中東と世界2024-2035

目次

構成●前田守人

第1章
2025年、戦争は終わらない

ハマスはイスラエルの分断作戦で生まれた

石田　2023年10月7日のハマスによるイスラエルへの奇襲攻撃は、いろいろ憶測を呼びましたが、真実はわからないままです。イスラエルの諜報機関であるモサドは、当然ハマスにスパイを潜り込ませているでしょうし、通信傍受もしています。事前にあの奇襲攻撃の情報を掴んでいないというのはおかしいと思うんです。

大高　イスラエルの虚偽報道も含めて、しっかり検証する必要があると思います。もちろん戦時中ですからイスラエル・パレスチナ双方のプロパガンダはあります。とはいえ、世界の主要メディアに関してはユダヤ人の影響力が大きいのは誰しも知るところで、その辺の差し引きをしながら分析することが必要です。

そもそもガザとパレスチナ自治政府のヨルダン川西岸地区を分断することは、イスラエルの戦略の一環だったはずです。ハマスとファタハについても同じ文脈で理解できます。

現在、パレスチナ暫定政権を代表しているのは、ヨルダン川西岸地区に拠点を置くパレスチナ自治政府（ＰＡ）です。もとは１９６４年にパレスチナのアラブ人の解放をめざす武装組織として誕生したパレスチナ解放機構（ＰＬＯ）です。ＰＬＯはいくつかの分派に分かれていましたが、93年のイスラエル・パレスチナ和平合意により、次第に穏健派のファタハが主流となっていきました。

一方で、87年に二国家共存を許さないというハマスが誕生しています。イスラエルの消滅を掲げ、自爆テロなどの激しい抵抗運動を展開しました。「ＰＡ（ファタハ）vs ハマス」の対立が深まったのですが、２００６年にはパレスチナで、ハマスは過半数を超える議席を取り、政権を獲得します。

ところが、それを良しとしないＰＡが、ハマスをガザに追いやり、ヨルダン川西岸にＰＡ自治政府、ガザにハマスという構造ができ、それ以降ガザの住民２００万人は、イスラエルの許可証がなければ一歩もガザを出られない生活を強いられてきました。これが「世界一巨大で、天井のない監獄」といわれる所以《ゆえん》なんです。

ハマスはイスラム教の過激な原理主義者の集団ですが、貧困救済などの社会福祉活動を進め、ガザ地区の人々の心を掴んでいました。一方、ファタハは、パレスチナの独立をめざすアラファトがつくった政党ですが、イスラエルと結びつくことで汚職まみれになり、住民の人気が落ちたんです。

この二つを分断したのもイスラエルですし、過去ハマス創設に資金を提供していたとも言われています。それは、ファタハ率いるPA自治政府を弱体化させる分断作戦の一つだったはずです。現に『欧州連合（EU）の外相に当たるボレル外交安全保障上級代表は19日、イスラエルが過去にパレスチナのイスラム組織ハマス創設の資金を提供していたと述べた』（ロイター2024年1月20日付）という報道もあり、シンベト（イスラエル国内諜報機関）長官のアミ・アヤロン氏はNHKの取材に応じて「ハマスという怪物をつくったのはネタニヤフ首相」と発言しています。

ハマスへの資金援助と言えば、2024年トランプ氏が大統領に再任された際、イスラエルのメディア・ハーレツが2024年11月12日付で、「トランプ政権を監修することになり、アメリカで最も親イスラエル派だといわれているキャンター・フィッツジェラルドのハワード・ラトニック最高経営責任者（CEO）は、実は裏でハマス、イスラム聖戦、ヒズボラに対し、10月7日の攻撃までの1年間資金援助をしていた」と報じ、さらに同紙は「ウォール・ストリート・ジャーナルによると、主に資産860億ドルの大部分はキャンター・フィッツジェラルドが管理しているテザーを通じてハマスらは合計9300万ドルの仮想通貨を受け取った」と伝えた。それに対してテザーは、「この数字は『大幅に誇張され不正確』であり、実際は87万3000ドルだったと示唆した」（イスラエル紙『ハーレツ』2024年11月12日付）とのことです。

87万3000ドル（約1億3000万円）とはいえ、アメリカを代表する親イスラエル派の人物が裏でこのような画策をしているのが世界の実態で、そういったことを棚上げして「やれハマスが悪い！　プーチンが悪い！」と大合唱するのは幼稚すぎます。

石田　私が運営している「越境3・0チャンネル」でも、10月7日の奇襲攻撃以前の第6次ネタニヤフ内閣が組閣されたときから、ネタニヤフ首相の発言には注目してきました。時系列で見てきてわかるのは、イスラエルの分断作戦も含めて、現政権がとにかく大きな戦争をやりたがっているということです。これは間違いないんですよ。

ネタニヤフ氏の政権は極右勢力との連立であるため、政権維持のためには戦争を続けていくしかない。そのうえ、汚職疑惑を抱えるネタニヤフ氏は、極右勢力が担ぐ神輿《みこし》に乗るしかないんです。つまり、ネタニヤフ氏が逮捕されないで権力の座に居座るには、戦争継続の道しか残されていないので、残念ながら2025年も戦争は終わりそうもありません。

極右勢力のめざす方向は、イスラエルの国旗にも描かれていると言われているナイル川からユーフラテス川までの広大なエリアが自分たちの約束の地だとする「グレーターイスラエル構想」なんです。『聖書（旧約聖書）』で、神がユダヤの民に約束したと頑なに信じていて、イスラエルこそ戦争拡大を進めているというのが根本にある認識です。

大きな戦争を起こすためには、何らかの正当な理由が必要じゃないですか。それが２０２３年10月７日のハマスによる奇襲攻撃ではないかと思っています。先ほどご指摘されたイスラエル側の虚偽報道も正当な理由の一つとして、国際社会に発信されました。「ハマスが40人の赤ん坊を斬

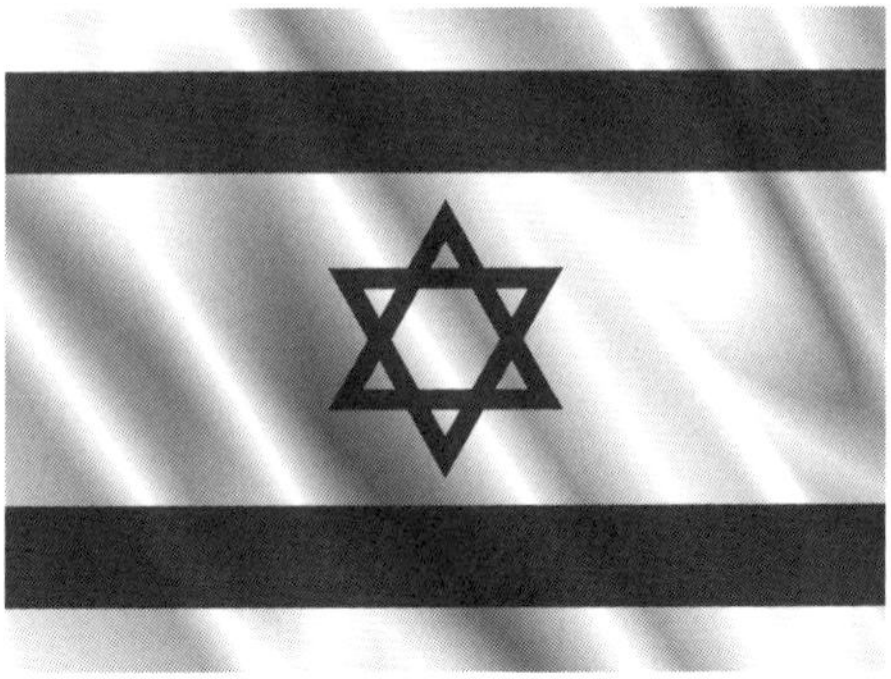

イスラエルの国旗

首した」という情報が、ＣＮＮなどのニュースメディアを通じて報道され、ネタニヤフ首相もバイデン大統領も赤ん坊斬首に言及しましたが、その証拠は確認されませんでした。

こうしたことが一斉に発信され、「とにかくガザのハマスは悪なんだ、パレスチナは悪なんだ」という印象操作がなされ、同時に、「イスラエル人はひどい目に遭った」という事実に焦点が当てられました。それに対して、報復をしなければいけないという「つくら

れた正義」がイスラエル側にあった。

10月7日以前のパレスチナ人が受けてきた暴力や厳しい現実は報道されません。これこそモサドにより操作され、つくられた戦争ではないかと疑ってしまう理由なんです。

つまり、ハマスがイスラエルに攻め込むための、いろいろな方法や口実をモサドが用意し、ハマスが攻めざるを得ない状況をつくった。パレスチナ人を刺激し、ハマスに攻めさせるような、そういった環境を整えていったのは、イスラエル側なんじゃないかなと思うんです。ただ、モサドは世界最高の諜報機関だから、証拠はいっさい残さない。そのため、確信的なことは言えません。あくまでも臆測なんですが、点と点をつなぐと、そういうことが考えられるんです。

大高　エビデンス（証拠）が残っていると言われるのが、テルアビブ証券取引所の株の空売りですよね。この場合の空売りは、他から借りて行う売付けのことで、株価が下落すると予想される場合に、現在の株価で株式を売却し、値下がりしたところで買い戻して利益を得る取引です。

これに関し、『ハマス奇襲前、イスラエル株空売り急増　米研究者ら指摘』（日本経済新聞23年12月5日）という報道がありました。空売りを指摘したのは、２０２３年12月に米証券取引委員会（SEC）委員も務めたニューヨーク大学のロバート・ジャクソン・ジュニア法学教授とコロンビア大学のジョシュア・ミッツ氏です。ところが、このニュースが流れた数時間後に、この報道を打ち消す記事をロイター通信が配信しました。

『テルアビブ証券取引所は火曜日、ハマスの10月7日の攻撃に関する予備知識から利益を得た可能性のあるイスラエル投資家がいることを示唆する米国の研究者による報告は不正確であり、その公表は無責任であると述べた』（ロイター23年12月5日）。

見出しと冒頭だけ読めば、米研究者らの指摘は誤りだったという印象が深まります。ところが記事を丁寧に最後まで読むと、空売りがあったのは事実で、巧妙なごまかしをしていることがわかります。『テルアビブ証券取引所（TASE）は、株価はシェケルではなくセントとペンスに似たアゴットにリストされているため、著者は誤って計算したと述べ、潜在的な空売り利益はわずか3200万シェケルだった』（同右）。

つまり反論記事は、米研究者らがアゴット（イスラエルの通貨の小銭）で計算したから読み誤り、わずか3200万シェケル（イスラエルの主要な通貨）の空売りだから問題はないという趣旨なのです。3200万シェケルといえば約13億円に相当し、決して〝わずか〟な額ではない。シェケルといわれてすぐに換算できるのはイスラエル人やパレスチナ人くらいのもので、多くの外国人をミスリードするための反論記事と指摘されても仕方ないと思います。

組織的な犯罪などでは、情報が漏れることがあって、それを金儲けに利用しようという輩は必ず出てきます。2001年のアメリカ同時多発テロの時も、24年のトランプ氏の暗殺未遂事件の際も、このハマスのイスラエル攻撃前の空売りも、専門家によって指摘されました。23年10月7日のイスラエルに対するテロ攻撃前、つまりイスラエル企業の価値に対する賭けが攻撃数日前に急増し、一部のトレーダーが事前にテロ攻撃の情報を持っていた可能性が示唆されているんです。

もう一つが、この戦争の目的に関して、ガザ沖の天然ガス田の権益に関して、エネルギー資源の面からも考えられる観点ですね。イスラエルとレバノンの戦争も、イスラエルのハイファ沖のガス田の権益争いが目的の一つなのかもしれません。

イスラエルが狙う巨大天然ガス田

石田　ガザ沖の豊富な天然ガスによって、ガザ経済の再建は可能とも言われていました。ハマス殲滅《せんめつ》を掲げるネタニヤフ首相は、住民を強制退去させ、ガザの天然ガスを全面支配することを企んでいるのかもしれません。

大高　１９９９年にガザ地区沖に大型ガス田が発見され、ここはガザ海岸から36㎞の地点で、地中海内の天然ガス埋蔵地域「ガザマリン」と言われました。当時、イスラエルとパレスチナの間で結ばれた一連の合意は、ガザマリンはパレスチナ自治政府（ＰＡ）に属していますが、安全保障上の理由からイスラエルの承認なしに開発することはできないというものでした。

そして、２０１０年にはイスラエル沖の地中海でも、イスラエル寄りに「カリシュ・ガス田」、レバノン寄りに「カナ・ガス田」の二つの巨大な天然ガス田が発見されています。ハイファの沖合１３０㎞、海底１６９２ｍに位置するこの天然ガス田の埋蔵地域は、「リバイアサン（聖書に出てくる海の怪物の名前）」と言われ、22兆立方フィート（６２２９・７億㎥）の天然ガスがあるようです。

これだけでイスラエルが必要とする１００年分のエネルギー供給が可能と言われました。イスラエルは天然ガス輸出国になったにもかかわらず、パレスチナのガザマリンを占拠したうえで、ガス田開発を凍結したままなんです。

当初、エジプトの会社とＰＡ政府系のファンドなどが手を組み、イスラエルがガス田開発を容認し、経済的にパレスチナが潤っていけば、安全保障の緊張も緩和されるからと、イスラエルも合意していたのです。本来、10月７日のハマスの襲撃が起こらなければ、ガス田開発の流れは加速していたはずです。

でも、残念ながらそうはならなかった。イスラエルのガザマリン開発に関しては、ガザ地区を事実上統治しているハマスが黙っていません。つまり、ガザマリン開発のためには、ハマスの存在が開発側にとってネックになっていたのです。そのうえ、国連の報告書は、「パレスチナ人民の独立した天然資源に対する権利と、イスラエルを含むこの地域の近隣諸国が、共同で所有する共有資源に対する正当な取り分を明確に立証するための詳細な調査を推奨する」（２０１９年８月、国連貿易開発会議）としているのに、そこを無視して、10月７日以降も、紛争継続中でも着々とエネルギー資源開発は進んでいるのです。

リバイアサンの天然ガス田にしても、そこにはパレスチナの富が含まれているにも関わらず、パレスチナの人々にはまったく恩恵がないんです。ウクライナ戦争によって、ロシアの石油とガスは制裁され、イランの石油は制裁され、シリアの油田は米軍に不法占拠されました。シリアの地中海に面したラタキア港は、イスラエルによって爆撃されました。中東の玄関口であるレバノンのベイルート港は、廃墟と化しています。

天然ガス田が発見されたことで、イスラエルとアメリカはますます結びつきを深めているのかもしれません。この戦争の裏には、エネルギー問題があり、国際社会はこのことを見逃してはいけないと思うのです。

石田 そのことは、パレスチナのワリード・アリ・シアム大使も指摘されています。イスラエルは、とにかくガザの天然ガス田が喉から手が出るほどほしいというのです。今後は、ハマスとファタハの対立よりも、パレスチナとイスラエルの対立の構図が明確になっていくでしょうね。

大高 ただ、懸念事項としては、ハマスとファタハの双方に、イスラエルのスパイが入り込んでいるので、ハマスの内部にも反ファタハがいて、その逆もある。内部抗争は火をつけようとすれば、すぐに着火します。モサドにすれば、そういう仕掛けはたやすいことなのでしょう。日本の政治もメディアも、諜報活動の視点では見ない。日本人はそもそもそういう観点では見ないですけどね。

石田 日本のメディア報道は、ほとんどが10月7日以降の表面的な戦闘を追いかけているだけです。10月７日以前の部分は、ほとんどが報道されていません。ネタニヤフ首相の汚職問題や政権内の極右派の名前すらも出てきません。ヨルダン川西岸地区のイスラエル軍による過激な入植も伝えられません。パレスチナ人の居住地域が、次々と奪われてきたにもかかわらずです。

１９９３年にホワイトハウスにおいて、当時のビル・クリントン大統領の仲介で、イスラエルのラビン首相とパレスチナ解放機構（ＰＬＯ）のヤセル・アラファト議長の間で締結された歴史的な合意が「オスロ合意」です。このときに、パレスチナ自治暫定政府の設置とイスラエル軍のガザ地区とヨルダン川西岸地区からの段階的な撤退、５年以内に国境や入植地の取り扱いなどの最終的な地位交渉が行われるはずでした。

二つの国家共存の平和的な解決をめざすものでしたが、95年にラビン首相は和平反対派のイスラエル青年に暗殺されてしまいます。パレスチナとイスラエルの国土の変遷（図１参照）を見れば、一目瞭然ですが、パレスチナ領は次々とイスラエル領に変わってきています。

今日でも、抵抗する人は殺され、女性はレイプされ、家を奪われているのは、パレスチナのほうです。国連や国際社会がいくらイスラエルの横暴を非難しても、アメリカの報道

図1
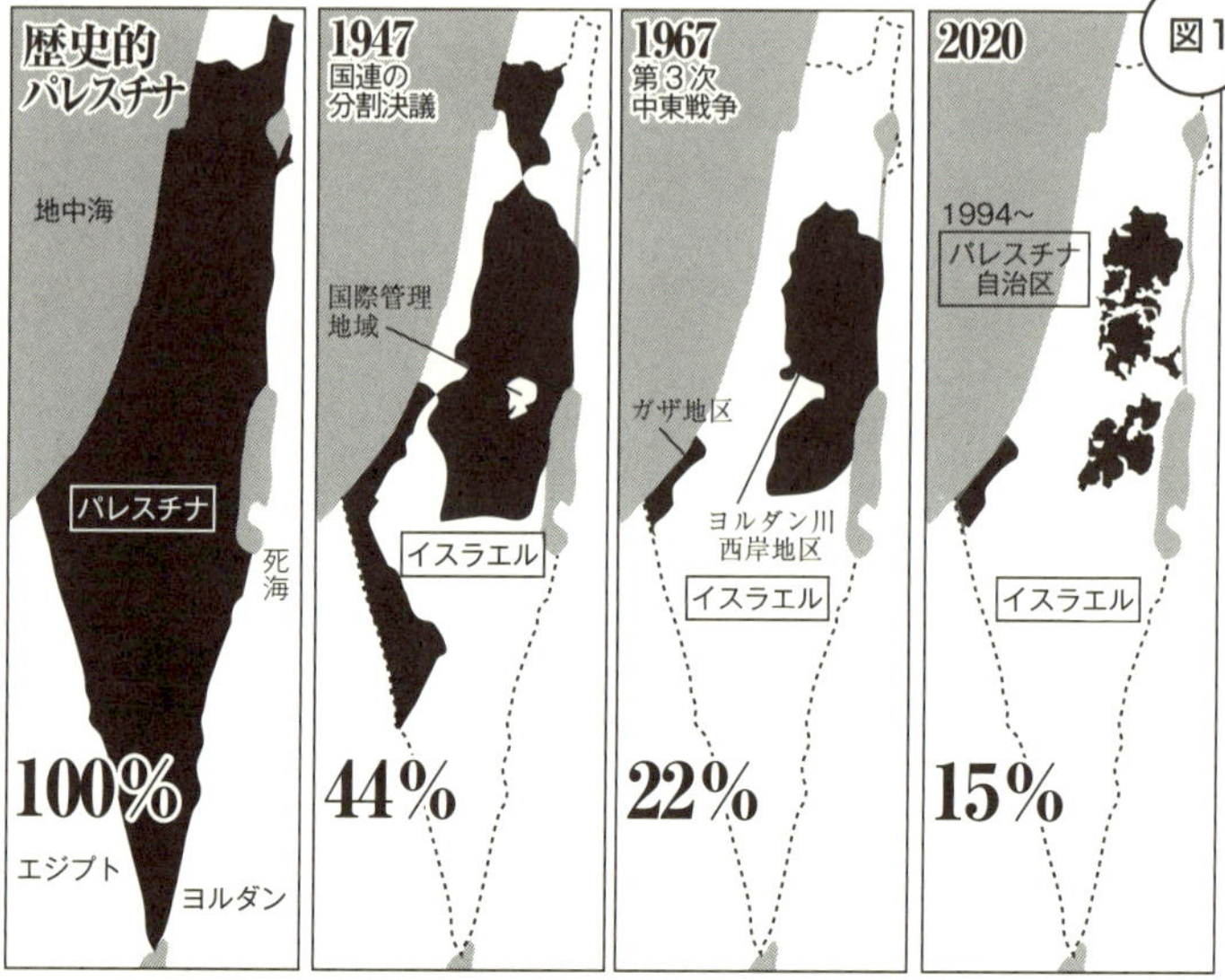

はイスラエルを悪く伝えませんし、日本のメディアは背景さえ知りません。ハマスやヒズボラの攻撃を肯定するつもりはありませんが、あまりにも表面的でダブルスタンダード（二重基準）な報道には怒りを覚えます。

パレスチナの襲撃は「テロ」で、イスラエルには「反撃する権利がある」と解釈されています。では、10月7日以前のイスラエルのルール違反や領土侵攻は、誰が非難し、止めてくれるのでしょうか。そこに正義はありません。

戦時中のプロパガンダに気をつけよ！

大高　おそらく、ウクライナとロシアの紛争もパターンは似ています。東欧諸国や旧ソ連の周辺諸国が次々とＮＡＴＯ（北大西洋条約機構）に吸収されるなかで、ウクライナはロシアにとって安全保障上の緩衝地帯として必要であり、そういう約束だったはずです。

ある意味、ＮＡＴＯによりロシアは追い詰められたのであり、白黒をはっきり付けられるような事案でもありません。緩衝地帯を日本の「満鮮経略《まんせんけいりゃく》」に置き換えると理解しやすいのです。

「満鮮経略」とは落合莞爾《おちあいかんじ》氏（歴史研究家）が指摘されていることで、四方を海に囲まれた日本列島の國體《こくたい》勢力は古来、大陸からの騎馬勢力の侵攻に備えるため、満州と朝鮮半島を日本列島と大陸騎馬勢力との間の緩衝地帯として位置付けたものです。これを考えれば、なぜ日本が日清、日露戦争を戦ったのかという理由を鑑《かんが》みれば答えは自ずと導かれます。

ところが近年の日本メディアは、先人たちが血と汗を流して守り抜いてきた地政学的な国家戦略も忘れ、ひたすら西側メディアの尻馬に乗って、ロシアは悪の権化であり、プーチン大統領はその親玉といったイメージで報道しています。戦闘が勃発すると、短絡的に攻めたほうが悪くて、攻められたほうが可哀そうな存在になります。でも、実際には、追い詰められたり、刺激されたりして、堪忍袋の緒が切れる場合がほとんどです。

そもそもウクライナ戦争だって1991年のソ連崩壊までたどれば、ロシアのネオコン（新保守主義）に対する怒りも理解できます。ソ連崩壊のどさくさに紛れ、ロシアは、IMFの要求に従って市場を開放したのです。

伊藤寛氏（国際・政治アナリスト）は「ウォールストリートや、ロシアとイスラエルの二重国籍者たちがロシアの石油・天然ガスなどの資産を急速に民営化させ、二束三文で買いたたき、オリガルヒ（新興財閥・約8割はユダヤ人）が生まれた」「この経済犯罪でロシアの国富から窃盗した金の総額は約30～78兆円にものぼり、大半はイスラエルでマネーロンダリングされ、その半分以上がウォールストリートに流れ込んだ」と指摘しています。

この流れを止めたのがプーチン大統領でした。そのプーチンに復讐をするためにアメリカのネオコンはNED（全米民主主義基金・CIAの別働工作部隊）などを使い、マイダン革命（首都キエフの独立広場のこと。キーウで勃発したウクライナ政府側とユーロマイダンデモ参加者の暴力的衝突の結果、当時のヴィクトル・ヤヌコーヴィチ大統領が失脚し、隣国ロシアへ亡命することになった）などで政権転覆をさせた。ウクライナを利用してロシアを叩くという悪魔のシナリオをやってのけたのです。

日本の真珠湾攻撃も同じようなパターンでした。満州の権益を米国の鉄道王と呼ばれたハリマンに分け与えなかったことから、欧米列強による日本封じ込めに始まりました。ＡＢＣＤ包囲網（米英中蘭諸国）によって、資源を絶たれ、とうてい飲むことのできない屈辱的なハル・ノートを叩きつけられた日本は、追い詰められて戦端を開くしかなかったのです。今日では明確ですが、当時のルーズベルト大統領とその取り巻きのコミンテルンなどの策略によって、日本は日米開戦に誘いこまれたと言っても過言ではありません。当時からメディアによるプロパガンダがあり、善と悪というレッテルが貼られ、分断され、戦争の泥沼に引きずり込まれたのです。

現在の報道でも、メディアは「イスラエル」という主語を抜いた伝え方をしていないでしょうか。「ガザ地区北部の人口密集した難民キャンプで、大規模な爆発が発生し、多くの死傷者が報告されている」とか、「レバノン南部のヒズボラの地下基地が空爆された」とか、事実を伝えているのですが、本来はイスラエルが攻撃していることを強調すべきです。

　また、アメリカのメディアはユダヤ系の金融資本との関係が深いので、ロシアとウクライナの戦争を報道する際には、「ロシア」がどこの都市にミサイルを打ち込んで、被害がどれだけあったかを主語をしっかりと報道しますが、イスラエルについては遠慮があるのかもしれません。

　ハマスの奇襲攻撃によって1100人以上の死者が出ましたが、イスラエル軍がハマスへ反撃してガザでは民間人も含め4万人以上の犠牲者を出しています。

すでに「倍返し」のレベルを超えています。ハマスへの攻撃が一段落すると、今度はレバノンのヒズボラへの地上戦と空爆です。同時に、アメリカを引きずり込んで、イランとの戦争も思惑通りに進めているのでしょうか。

石田　日本のメディアは、「オクトパス・ドクトリン」についても伝えませんが、これはイスラエルがイラン攻撃の際に主張している考え方です。
　ご存知のように、オクトパスとはタコのことで、タコの足はハマスやヒズボラ、イエメンのフーシ派のことです。「タコと戦うには、足だけでなく頭を攻撃すべきだ」という考えで、イラン国内の頭脳であるトップを狙うべき、もしくは核施設を破壊すべきという考えを示すものです。

イスラエルは10月7日以降、イランとの戦争を想定したうえで動いているのでしょう。

大高　私が気になっているのは、日本の保守言論界の一部でも、10月7日以降、ハマスが全面的に悪いという空気観が強いことです。１９７２年に起きたテルアビブ空港での銃乱射事件に代表されるように、日本赤軍などの過激派がパレスチナ側で「反イスラエル」であったために、保守派は親米、親イスラエルの構図を支持してきました。

しかし、ネタニヤフ首相は、２０２３年10月末に、真珠湾攻撃や９・11の報復を例に出し、「いまは戦争の時だ」と自国の反撃の正当性を主張しました。

アメリカは真珠湾攻撃はテロであり、悪の日本に報復することは正義なんだという構図をつくりました。さらにアメリカは、原爆を落としたのも犠牲者を増やさないで戦争を早く終わらせるためだという理屈をいまだに喧伝しています。

石田　戦時中は、共産主義国家も含め、日米ともにプロパガンダ合戦が行われていました。いまでも、パレスチナでの紛争は、ワシントン発のプロパガンダが効いていて、「イスラエルは正しい」と思わせるためのキャンペーンが行われています。まるでマーケティングの一環のようです。

大高　湾岸戦争の引き金となったナイラ証言（クウェートのナイラという少女が、クウェートに侵攻したイラク軍が新生児を死に至らしめていると泣きながら証言したが、のちに彼女は駐米クウェート大使の娘で、アメリカの戦争広告代理店によるプロパガンダの演出だったことが発覚）のように、戦争広告代理店も絡んでいるのではないでしょうか？　イスラエル・パレスチナ紛争というのは、１９４８年のイスラエル建国から４回の中東戦争、先ほど指摘された93年のオスロ合意など、ターニングポイントがいくつもあります。

どこで区切り、どこまで遡《さかのぼ》るかは意見が百出するでしょうが、私は少なくとも48年のイスラエル建国まで、遡って検証すべきだと思うのです。いきなり10月7日のハマスの奇襲攻撃をもって、「ハマスは悪」というレッテル貼りには賛同できません。

石田　ご指摘のように、イスラエル建国まで遡るのがいいと思うんですが、そもそも中東に混乱を生み出したのは、１９１４年の第一次世界大戦でのイギリスによる「三枚舌外交」にあったと思っています。イギリスはオスマン帝国に勝利するために、異なる相手と三つの約束をするんです。第一が15年に締結された「フサイン＝マクマホン協定」で、これはイギリスが戦争に勝ったら、パレスチナにアラブ人の国をつくるというもの。第二が16年に締結された「サイクス・ピコ協定」で、これはイギリスがフランスとロシアに約束したもので、戦争に勝ったらオスマン帝国のアラブ人地域をこの３カ国で分割するというもの。

第三が17年に締結された「バルフォア宣言」で、これはイギリスが勝ったら、イスラエルというユダヤ人の国をつくるという約束です。

第一次世界大戦が終わると、約束されたアラブ人もユダヤ人も、パレスチナ周辺に戻ってきます。当然、衝突が繰り返されるのですが、48年にイスラエルは建国されます。

その後のオスロ合意もそうですが、2020年のトランプ大統領（当時）の仲介による、イスラエルとアラブ首長国連邦（UAE）、バーレーン、モロッコ、スーダンのアラブ4カ国との国交正常化、いわゆる「アブラハム合意」も忘れてはいけません。UAEとバーレーンがイスラエルと国交正常化する条件として、パレスチナへの入植を止めるというものでした。また、サウジアラビアはアラブ諸国の盟主として、イスラエルによるアラブ占領地からの完全撤退、パレスチナ難民問題の公正な解決、東エルサレムを首都とするパレスチナ国家の樹立と引き換えに、「アブラハム合意」における関係正常化を提案していました。

そもそもイスラエルの入植は違法ですし、そこは国連も国際社会も一致しています。入植地の拡大を止めなければいけない。

一方で、イスラエルは建国以来、入植活動を進め、住宅地に引っ越ししてきた。彼らも子供が生まれて、第2世代が社会で活躍しています。そうなると、完全撤退はなかなか現実的ではないので、妥協案として、現時点で入植活動はストップしてくださいというのがアブラハム合意の条件だったんです。それで止まっていたんですが、その後、２０２２年12月に第6次ネタニヤフ内閣ができて、内閣に過激派のシオニストが入ってきて連立与党になってしまうんです。その結果、パレスチナへの入植活動を再開して、パレスチナ人が毎日のように犠牲になっていった。これらのことは、アラブ圏のメディアではニュースになっていたし、イスラエルのメディアも報道しています。

でも、日本のメディアはまったく取り扱わない。だから、第6次ネタニヤフ内閣の成立から風向きが変わって、パレスチナへの強硬姿勢が強まったことも、日本人は知らなかった。

そして23年10月7日に、ハマスの奇襲攻撃が勃発するわけです。24年はその報復として、ガザが廃墟のようになり、レバノンでは地上戦と空爆が続きました。25年もパレスチナでの戦闘は続くでしょうが、イランが本格的にイスラエルの市街地などにミサイルを撃ち込むのかどうか、より大きな戦争になるのかどうかは、予断を許さない状況です。

大高　本当に英国の功罪は大きいですね。ちなみにユダヤ人のアインシュタインから米国のシオニストに対してこんな厳しい書簡が送られています。

「１９４８年4月10日　シェファード・リフィキン様理事長

イスラエルの自由の為に闘う米国友人ニューヨーク２番街１４９番地

拝啓

パレスチナで本当の最終的な大惨事が我々の上に降りかかる時には、その第一責任者は英国人であり、第二責任者は我々の兵士達から作り上げられたテロリスト集団である。私は、欺かれて犯罪的なこうした人々に賛同する誰とも、会うつもりはない」。

敬具

アルバート・アインシュタイン

日本は「コバンザメ構造」から離れよ！

大高　多くの日本人は、入植地のほんとうの姿がわからないんじゃないでしょうか。イスラエル人がヨルダン川西岸地区のパレスチナ人居住区を不動産売買によって土地を収得し、そこに住宅を建てて、引っ越してくるようなイメージだとしたら、大間違いですよね。

石田　入植という言葉が実態を表わしていないというか、争ったり、人が殺されたりしているイメージがありません。約束を破って、徐々に侵略してくるんですよ。「パレスチナ入植」というよりも、「パレスチナ虐殺」のほうが実態に近い。先ほどの図1で見ればわかるように、年々イスラエルの土地が増えていって、パレスチナ人の住むところは狭まっています。

ヨルダン川西岸地区には、パレスチナ人が約320万人、ユダヤ人入植者が約70万人住んでいます。ガザにいたっては、種子島ほどの面積に約220万人のパレスチナ人が暮らしているんです。周りを壁に囲まれて、先ほど指摘されていたように、まさに「天井のない監獄」です。そんな人口密集地域に、イスラエル軍はハマスへの報復攻撃を繰り返し、4万人以上の民間人が犠牲になりました。

大高　主にパレスチナ人が住むガザとヨルダン川西岸地区（ウエストバンク）、東エルサレムなども取材したことがあります。

東エルサレムでは実際にイスラエルに家を破壊された家族に会いました。イスラエルは増築や生活インフラ整備（ガス・水道）を許可せず、少しでも手入れをすると、法に反したといってブルドーザーでいきなり家を破壊してしまいます。住む家を追われた家族は灼熱地獄の荒野で冷房も窓もないコンテナや廃車となったバスで生活をしていました。西岸

イスラエルに自宅を破壊されコンテナで暮らす東エルサレムのパレスチナ人家族

も町ごとにチェックポイントやイスラエルの監視塔があり、常に緊張感が漂っています。

ガザは地中海に面した風光明媚な場所であるにもかかわらず、貧富の差はひどかったです。１９９３年ガザに行ったときは、ファタハが政権を取っていた時期で、ファタハ幹部は豪邸に住み、ベンツを乗り回し、子弟は欧米に留学していました。イスラエルやアメリカへの穏健派と言われていましたが、実態は汚職まみれで、お金に操られていたんです。

一方で、ガザはパレスチナの悲劇を伝えるような、ある意味ショーウインドウ的な難民キャンプもあり、そこには貧しいパレスチナ人が暮らすひどい格差社会です。街中のカフェは仕事にあぶれた若者がたむろし、そこでは自爆テロを奨励するビデオなども流されていました。国を持ちたくても持てないフラス

1993年オスロ合意後　「これからパレスチナ国家ができる」と喜んでいたガザの夫婦

トレーションがどんどん高まっていた時期だと思います。

日本のジャーナリストは、難民キャンプは報道しますが、ファタハの汚職には触れないんです。私はなるべく両方を伝えたつもりですが、そもそもこの地域に対する日本人の関心が薄いですよね。

93年のオスロ合意の際にも、私はガザにいたんです。イスラエルのラビン首相とアラファト議長が握手をして、パレスチナ人はようやく自分たちの国が持てるとお祭り騒ぎでした。国家を持つというのが当たり前の日本人には、彼らの喜びがなかなかわからないかもしれません。国家なき民だったパレスチナ人が、パレスチナ国歌を歌ってみたり、国旗を掲げたり、そういった高揚感を体感したのを覚えています。日本人は、国を持てないパレスチナ人の悲劇をもっと知るべきです。

その後もパレスチナに何度か取材を試みましたが、ハマスとファタハの内紛が始まり、外国人ジャーナリストの拉致事件などもあって、ガザは避けざるを得ませんでした。2000年にはいまはなきガザのイスラエル入植地とガザ双方を取材しています。

敵陣の真ん中にフェンスで居住区を囲み、住み続けていたイスラエルの人たちは『私たちはカナリア（炭鉱に入る際、異変を察知して鳴いて危険を告げる）なんです』と言って

ガザ。今はなきイスラエル入植地

ガザの入植地に入るイスラエルの慰問団のバスから撮った写真。武装した兵士が護衛に乗っていた

国防最前線の防人《さきもり》の役目を誇りに思っている人が多かったのですが、かたやガザにまわると、その入植地の存在がいかにガザの日常生活を不自由なものにしているのかもわかったし、なによりイスラエル軍が私が乗せてもらっていた国際赤十字赤新月社連盟の救急車に向かって発砲

してきたときは、生きた心地がしませんでした。

　この時の銃撃戦拡大を寸でのところで止めてくれたのが、ガザの中年男性でした。彼は両手を掲げ、不自由な足をひきずりながらイスラエルの検問所から威嚇射撃をしてきたイスラエル兵のもとへ近寄り、何か交渉をしてくれ、その場の緊張が緩和されたのです。あの時の命の恩人も今頃ガザの惨状の中でどのような人生を送っているのか……。ただひたすら元気で生きていて欲しいと願うしかないのですが……。

ガザのユダヤ人入植者と慰問団

　イスラエルというお金も兵器もある圧倒的に強い国家と、国家を持たない暫定政権のパレスチナの80年近い戦いが続いているんです。そのうえ、ファタハとハマスに分断させられ、内部で抗争が続いてきました。西側のメディアには、石を投げるくらいしか抵抗できない若者たちの映像が流されます。日本のメディアは、この圧倒的な力の差とパレスチナの悲劇を報道してこなかったわけです。パレスチナ人は、野蛮で、テロリストで、イスラム原理主義のクレイジーなやつらといったイメージばかり伝えてきました。

歴史を知れば、そこは違うんじゃないかと思いますし、せめてもう一度オスロ合意やアブラハム合意の地点に戻るべきじゃないでしょうか。

石田　いつの間にか、イスラエルに危険な極右政権が生まれ、戦端が開かれてしまいました。イスラエルはユダヤ系金融資本を通じて、メディアも動かすことができるし、ロビー活動を通じてアメリカの政治家も動かすことができます。レバノンにバンカーバスター（地中貫通爆弾）を落とすのも、イランに報復する際にも、イスラエルとアメリカで相談しながら決めています。

この構造は世界中の人たちが薄々感じていることでしょうが、日本も蚊帳《かや》の外ではないはずです。日本の政治家はその構造の下に位置していて、指示されるような状態なのではないかと思ったりします。ほぼ「コバンザメ構造」になっていて、中東問題になると、日本人は「イスラエルがハマスに奇襲攻撃されたから可哀そうだ」「ハマスへの報復も当たり前だ」と思考停止しています。しかし、強烈な報復がもう1年以上も続いているんですよ。日本政府もコバンザメを止めて、独自に声明を発表するぐらいの気概を見せてほしいですね。

日本の石油の9割以上が中東産油国から来ているわけですから、日本はこの地域の情勢と深くつながっているはずです。日本人は思考停止している場合ではないのです。

「ベングリオン運河」構想を知っているか？

大高　もう一つ、日本人に知ってほしいのが、「ベングリオン運河」構想なんです。

初代イスラエル首相の名前にちなんで計画されたこの運河は、実現すればスエズ運河に匹敵する壮大な利益をイスラエルにもたらすと言われてきました。シナイ半島の東側にある南北に細長く伸びる湾をアカバ湾から切り開いて、地中海まで結ぶのです。

この横断計画の中にはガザも含まれていて、地中海と紅海やインド洋を結べば、イスラエルは豊富なエネルギー資源を、自国の運河を利用して世界に輸出できるようになるのです。この構想は昔からあって、スエズ運河に対抗するようなものです。エジプトが管理するスエズ運河は、世界の貿易の12％が通過する巨大な運河ですが、エジプトに影響力を持つロシアが背後にいたため、アメリカとイスラエルは、1960年代からイスラエル領内にスエズ運河に匹敵する運河建設を構想していました。

この構想の実現を前提にすれば、ハマスの奇襲攻撃後に、アメリカのブリンケン国務長官（当時）が中東に飛び、「ガザの住民はエジプトに移住すべきだ」などと発言した意味もうなずけます。

ガス田権益を持つエジプトは、アメリカによる債務救済と引き換えに難民の受け入れを検討しているとも言われました。でも、本当に受け入れたら、パレスチナ人の怒りの矛先が、イスラエルからエジプトに向かいかねないリスクもあるので、即座にガザの住民に対してゲートを開けないジレンマを抱えています。

逃げ場がどこにもないガザの住民の命が失われていくのに、国連も国際社会もなすすべがありませんでした。

もしもベングリオン運河が開通すれば、ガザマリンの天然資源をイスラエルは効率よく輸出できます。2023年9月にインドで開かれたG20において、アメリカは中国の「一帯一路」に対抗する狙いがあり、「インド・中東・欧州経済回廊（IMEC）」を提案していました。

石田　23年3月に、中国の仲介でサウジアラビアとイランが国交正常化で合意しましたが、アメリカとイスラエルはそれまではイランを孤立化させる方向で動いていました。その思惑が狂って、焦ってインドや中東に秋波《しゅうは》を送ったのでしょう。

大高　ウクライナ紛争でアメリカが推し進めたロシア制裁に加わらなかったＢＲＩＣＳグループやグローバルサウスなど、世界の80％以上の国々を取り込む必要性があったんでしょう。

いずれにせよ、イスラエルはガス輸出最大のお得意様としてＥＵを想定しています。22年9月に、ロシアの侵攻から数カ月後に、ロシアからドイツに天然ガスを運ぶノルド・ストリーム・パイプラインが爆破されました。爆破当時、西側メディアは、犯人はロシアと報道したり、親ウクライナ派の仕業と報道したりしてきましたが、在米ジャーナリストのシーモア・ハーシュ氏が綿密な取材をもとに、犯人はバイデン政権と断定しています。ロシアが破壊するメリットは見当たらないし、ＣＩＡ（アメリカ中央情報局）の仕業と考えると、合点がいきます。

いずれにしても、ロシアのエネルギーに頼れなくなってしまったドイツは、アメリカから4倍～8倍もの高い液化天然ガスを20年契約で輸入せざるをえなくなりました。そして、ドイツ国民は高い電気代に喘ぎ、製造業は国外に脱出しました。エネルギーに関わる争いや駆引きは、日本人が考える以上に苛烈を極めているんです。

石田　日本のジャーナリストも評論家も、すぐに「右派、左派」といったモノサシで測るのですが、「自国の国益は何か」という観点から考えないと正しいオピニオンは発信できませんよ。

　2025年の国際情勢を考えたら、ウクライナやパレスチナの戦争がどう動くのかが大きなポイントになります。日本のエネルギー確保、エネルギー安全保障の観点から分析してほしいですね。そもそもアラブ諸国を敵に回すのは、日本の国益じゃないんですよ。

大高　そうですよね。ましてや、イランとイスラエルの戦争が本格化すれば、ホルムズ海峡は封鎖されるでしょうから、そのリスクも想定しておくべきです。もし、そうなったら、日本はドイツと同じようにアメリカからエネルギーを高く買わなければいけない。戦争は決して対岸の火事ではないんです。

石田　日米関係があるため、アメリカやイスラエルのグループから離れて、中露のグループになびくのはそれこそ国益を損ねますが、ＢＲＩＣＳや中東との関係から中立的なポジションに立つことも必要です。

大高　日本の新聞も、読売や産経が右派（保守）系で、朝日や毎日、東京が左派（リベラル）系といった単純なイデオロギーの対立を引きずっていますが、国民の生命・財産の保全、国益といった観点で頭を切り替えてほしいですね。

読売の社主だった正力松太郎なんかＣＩＡから「ポダム」なんて暗号名までつけられて、占領軍の手先として動いてきましたが、いまだ読売に限らず大マスコミはその延長線上にあります。ＧＨＱ（連合国軍最高司令官総司令部）の言論検閲に協力し、大東亜戦争の真実が書かれた７０００冊以上もの本を焚書したりした、言ってみれば高給と引き換えにＧＨＱと共犯関係にあった当時のやましさからやはり抜けられないでいるんでしょうね。

「暗殺国家イスラエル」というメッセージ

石田　最近、報道の色合いも変わってきたなと思ったのが、テレビ東京のＹｏｕＴｕｂｅチャンネル・テレ東ＢＩＺで配信しているものです。

「豊島晋作のテレ東ワールドポリティクス」という番組で、タイトルが『ポケベル爆破と中東戦争～〝暗殺国家〟イスラエル vs ヒズボラ全面戦争リスク』。なんと、「暗殺国家イスラエル」という言葉を使い始めたんです。

この動画は24年9月に配信され、10月時点で、すでに52万回も視聴されていますから、かなり見られています。テレビ東京は日本経済新聞グループですが、日本経済新聞のスポンサーは経団連や上場企業ですから広告などで圧力がかからないかと心配しました。ユダヤ系の金融資本は、スポンサー企業の株主でもあったりしますから、日本経済新聞傘下のテレ東が、「暗殺国家イスラエル」なんてタイトルをつけると、良い印象は持たないでしょう。

大高　1995年のマルコポーロ事件が有名ですよね。文藝春秋が発行している雑誌で、ホロコーストを否定するような記事を掲載したことで、アメリカのユダヤ人団体SWC（サイモン・ウィーゼンタール・センター）などから抗議を受けて、同誌は廃刊に追い込まれました。当時の社長や編集長も辞任、解任されたりしました。あれ以来、各メディアは広告はがしにおびえ、「ユダヤ」というキーワードを避け続けています。あのときは、事件に詳しい知人曰く、SWCと連動して電通なども広告はがしに加担したとのことでした。実に情けない話です。

テレ東の件は広告を引き上げるといったことも考えられますが、さすがに資料元を提示し、事実に基づいて動画が作成されているでしょうから、「暗殺国家イスラエル」だけでは、圧力をかけるような動きはないでしょうね。

対談の冒頭でも指摘されていましたが、「ハマスによる赤ん坊40人斬首と集団強姦」という報道があって、イスラエルの過剰な集団懲罰を容認するという国際世論が醸成されました。ところが、赤ん坊斬首がなかったことはイスラエルが後日認め、集団強姦もグレイゾーンでした。ジャーナリストのマックス・ブルメンタール氏などがニューヨーク・タイムズの捏造疑惑を暴き、イスラエルのプロパガンダだと後日発覚しました。

私は調査報道メディア「ザ・グレイゾーン」の報道をもとにニューヨーク・タイムズを分析し、「越境3・0」でのカズさん（石田和靖）との対談でこの件に触れたら、サイモン・ウィーゼンタール・センターが「大高未貴」を名指しで、日本政府に抗議してきました。「2024年6月25日、ハマスによるイスラエル人女性へのテロ攻撃に関する偽情報と否定が反イスラエル感情を煽る」という内容で、「日本のソーシャルメディアでのハマスのテロリストによるイスラエル人女性の強姦を含む、10月7日のイスラエル人に対する残虐な攻撃の否定を日本政府に公に非難する」よう求めたのです。「10月7日のハマスによるテロ攻撃を否定し、その代わりにユダヤ国家とその国民を悪者扱いしている最近のYouTube投稿に注意を喚起」してきたのです。

曲がりなりにもジャーナリストの端くれとして、私なりにリサーチしたうえでの発言なので、抗議があるなら私のどの発言が問題なのかと指摘でもしてもらえれば、双方で検証ができるのにと、実に残念でした。テロを否定していない私にいきなり「テロ否定」などといったレッテル貼りをしてきたことには驚かされました。10月7日のテロの報道に関する検証すら許さないような圧力をかけたのは言論弾圧だと思います。私は、親パレスチナでも、親イスラエルでもなく、極力ニュートラルな立ち位置を保ちながら、情報収集し発信しただけです。ですので「私は反ユダヤ主義者ではない。テロ攻撃も否定していない。イスラエル、パレスチ双方の人命を尊重している。指摘について自分できちんと検証し後日発表するつもりだ」とSWCの批判に対する産経新聞の取材に対してコメントしました。いずれも、ジャーナリストの端くれとしての私なりのオピニオンであり、メッセージです。

石田　先ほども触れていましたが、戦時中のプロパガンダは、ジャーナリズムの検証が必要ですし、私たちはファクト（事実）に基づいて発言していくべきです。

24年10月3日にもNHKのBSスペシャルで『ネタニヤフと極右〜戦闘拡大のジレンマ〜』という番組が放送され、ネタニヤフ首相と連立政権を組む2人の極右政治家の思想が紹介されていました。私も自著『エゼキエル戦争前夜』（かや書房）の第3章で、3人の極右政治家が危険であるという趣旨のことを書きました。

ＮＨＫの番組では、イタマル・ベングヴィル氏とベザレル・スモトリッチ氏が紹介され、私は自著でこの2人に加え、ヤリフ・レヴィン氏も危険人物として挙げています。

私もイスラエル人の友人がおり、彼らは多くのイスラエル人がこの第6次ネタニヤフ政権の危険性は感じていると教えてくれました。そのために、反政府デモも頻発しており、いまイスラエルは国民の真意とはかけ離れた方向に動いているのかもしれません。

10月7日のハマスの奇襲攻撃がテロであることは間違いありませんが、では、それまでのネタニヤフ政権の入植活動は合法的なものなのでしょうか。

イスラエル軍の報復攻撃は、表向きはヒズボラの軍事拠点を狙っていると、彼らは言っています。でも、彼らは民間人の犠牲者が出ても、それはテロとは呼びません。メディア報道には、いたるところにダブルスタンダード（二重基準）が存在しているのです。

第2章

ウクライナ、パレスチナ、そして台湾

アメリカの軍需産業が戦争を動かす

石田　近年のアメリカの大統領たちが、どういう戦争に関わってきたかを時系列で眺めてみると、面白いことがわかります。第41代のジョージ・H・W・ブッシュ大統領（父）は、パナマ侵攻（1989年）、湾岸戦争（90年）。第42代のビル・クリントン大統領は、コソボ紛争（98年）。第43代のジョージ・W・ブッシュ大統領（息子）は、アフガニスタン紛争（2001年）、イラク戦争（03年）。第44代のバラク・オバマ大統領は、リビアへの国際介入（リビア危機、11年）、イラクへの介入（14年）。第46代のジョー・バイデン大統領は、ハマス・イスラエル戦争（23年）。

なんと、第45代のドナルド・トランプ大統領だけは、任期中の4年間に一度もアメリカが介入するような戦争は起きていないんです。それどころか、中東では先ほど紹介したように、アブラハム合意（20年）にまでこぎつけているのです。彼はビジネスマンですから、交渉や外交を駆使すれば解決できると考えていて、国民の税金をかけてまで無駄な戦争はしないんだと思います。

１９６０年代に当時のアイゼンハワー大統領が、「軍産複合体」という言葉を使って、軍需産業を中心に企業と軍隊、政府機関が一体となって政治や軍事を動かしていると発言しましたが、軍産複合体はいま、よりグローバルに活動している感じです。

トランプ氏はアメリカの軍産複合体が政治を動かし、ディープステート（DS、闇の政府）が暗躍するから戦争は起こると本気で考えているようで、「ディープステートと闘う」と度々公言しています。選挙期間中から、大統領になったら、ロシアとウクライナの戦争も、イスラエルとパレスチナの戦争も、すぐに止めてみせると豪語してきました。そして、それに合わせるように、国際政治も動いているように思うのです。

もう一つ注目しておきたいのが、20年のトランプ氏とバイデン氏のアメリカ大統領選挙前に行ったサウジアラビアの新聞『アラブニュース』のアンケート調査です。アラブ圏21カ国に対して、「もしもバイデン氏が大統領になったら、中東はどうなると思いますか？」というアンケートを取ったのです。老若男女８０００人のアラブ人のうち、およそ５４００人が回答し、その半分の人たちが「オバマ政権のころの中東に逆戻りする」と答えているのです。

オバマ大統領時代に何が起きたのかと言えば、２０１０年から12年にかけてアラブ世界に発生した「アラブの春」があります。チュニジアのジャスミン革命から中東に波及し、反政府デモなどの大規模な騒乱が起こりました。ドミノ倒し的に、イエメン内戦も起きて、シリア内戦も起きました。さらに、イラク戦争が終わった後の戦後処理では、中東・北アフリカを活動の拠点にしたアルカーイダやＩＳＩＬ（イラク・レバントのイスラム国）などのテロリストが、イラク国内で活動を活発化させました。要は、オバマ政権のころの中東は、火の海だったわけです。その時代がもう一度やってくると、半分以上のアラブ人が予測し、その通りになりました。23年にイスラエルとハマスが衝突し、次にレバノン侵攻が起きて、そして、今度はイランとイスラエルの戦争が拡大しそうな状況です。オバマ政権のときに副大統領であったバイデン氏が大統領になったら、同じように戦争が拡大する。そのことをアラブの人たちは、すでに、20年の段階で予見していたんです。

大高　アメリカの中東外交政策は二重構造になっているようで、サウジアラビアを盟主としたイスラム勢力とイスラエルのユダヤ勢力をバランスよくコントロールしてきたと思っていた。しかしながらイランを「悪の枢軸」にして対立軸を鮮明にさせていたのが、中国の仲介でサウジアラビアとイランが国交正常化させたことでシナリオが狂ってしまった。

いまは、イスラエルがアメリカのネオコンなどに執拗なロビー活動をしかけ、イランとの戦争を拡大させようとしています。しかしながら多くの米兵は嫌々ながら戦争に駆り出されています。アメリカ自体は戦争をエスカレートさせることは避けたいはずです。

アメリカには全米民主主義基金（ＮＥＤ）という組織があり、ここはレーガン政権時代に他国の民主化を支援する目的で設立されています。アメリカ議会が出資し、国務省も資金提供しています。アメリカ的な民主主義を広めるということを大義名分に掲げているのは表の顔で、実際にはＣＩＡの裏仕事、他国における工作活動、政権転覆工作など様々なことをやっています。先ほど指摘された「アラブの春」の活動家を表彰したり、ＣＩＡ（アメリカ中央情報局）が活動してきたりしたことも公表しています。中東での革命はもとより、ウクライナのマイダン革命（第１章参照）においてもそうです。

ＮＥＤが民主化の名の元に、ずっとアメリカにとって不都合な政権を転覆させたり、コントロールしてきたのです。反政府団体にお金をばらまいて、時には武器も提供して、クーデターを起こしてきた歴史があるのです。アメリカは大統領が変わろうとも、裏でＣＩＡが別働部隊として工作活動を繰り広げているのです。中東だけでなく、冷戦時代は中南米でもＣＩＡが暗躍していたことは容易に理解できます。アメリカの政権転覆工作はお家芸なのです。

　２０２２年9月にイランで、マフサ・アミニさんが、女性の頭を覆うヒジャブの着用の仕方が不適切だったという理由で、イランの道徳警察に逮捕され、亡くなった事件がありました。その後、抗議デモが活発化したために、治安部隊が弾圧し、５００人以上が死亡し、２万５０００人以上が拘束されたりしました。この一連の政権転覆工作には実は、ＮＥＤがお金を出して抗議活動を煽っていたことをジャーナリストのマックス・ブルメンタール氏は、アメリカの調査報道メディア「ザ・グレイゾーン」で記事にしています。

　イランもシーア派で一枚岩かと言えば、驚いたことにユダヤ系の議員もいるのです。そういうところに、スパイはうまく入り込むわけです。イラン系アメリカ人もいますし、イランに親米派もいますから、決してイランも一枚岩ではありません。イラン人ですら最高権力者のアリー・ハメネイ師の裏に、さらなる「奥の院」があると言ってました。

　革命防衛隊の中にだって、当然、スパイはいるだろうし、そのためにイランの要人が次々と暗殺されてきたんだと思います。

石田　ヒジャブ事件のデモもアメリカの工作という話はすごく衝撃的です。イラン国内にある女性の不満をうまく利用して混乱を生み出すんでしょうけれど、それはイラン国内の問題であって、内政干渉の域を越えていますね。

大高　イスラエルはアメリカを上手にコントロールし、隠れ蓑にしてきました。アメリカ人は単純なので〝世界を支配しているのは偉大なアメリカ〟などと思い込まされ、イスラエルの片棒を担がされて中東の宿敵を倒すことを担わされてきました。イランだけでなく、レバノンにも、ガザやウエストバンクにも、アメリカのスパイはいるでしょうね。アメリカにとっての正義が、他の国の正義というわけではないことをわかってほしいんですけれどね。

石田　ある意味、アメリカをコントロールしているユダヤ系の金融資本が、ナイル川からユーフラテス川までのエリアを、ユダヤ人に約束された土地であるという「グレーターイスラエル構想」の元で動いているとしたら、怖いですね。そこを自分たちの国にするという目的であれば、アラブ周辺国を傀儡《かいらい》政権で固めていくのも、イスラエル極右派の戦略かもしれません。

大高　イスラエルとしては、宿敵イランの核施設を潰したいわけですよ。地下核施設にバンカーバスターを撃ち込んで破壊するよりも、イランの政権転覆を図ったほうが目的達成は楽ですし、国際社会からの非難も起きない。お互いミサイルの報復攻撃を繰り返しても、イスラエルにとっては問題解決にはならないわけです。

手っ取り早いのは、イラン国内からの政権転覆ですし、それをずっと画策してきた。イスラエルが直接やると厄介だから、アメリカのＮＥＤを使ってやってきたのでしょう。実に巧妙に仕組まれていて、アメリカ人も、ある意味日本のメディアもその延長上にあるような気がします。戦後の日本人は、民主主義や自由貿易主義を絶対善のように考えていますが、国や民族によって宗教観も思想もルールも違うはずです。自分たちが考える絶対善を押し付けるのはやめたほうがいいのです。

一方で、イスラエルにも祖国を裏切ってイランのスパイ組織に入っているイスラエル人がいます。２０２４年10月、イスラエルの諜報機関は、イランのスパイ組織とされる組織2つを壊滅させたと発表し、そのうち一つは完全にイスラエルのユダヤ人で構成されていました。イスラエルの左派系新聞で有名なハーレツ紙の情報担当記者ヨッシ・メルマン氏は、「シンベト（諜報機関）と警察はイランのスパイ容疑でイスラエル人14人を逮捕した。逮捕は戦時中に行われたため、容疑は非常に重い。容疑者はイラン情報省のエージェントが採用し、管理する二つの別々の組織に属している」と報じました。スパイ容疑者の動機は主に金銭だと主張しながらも、「無視できない痛ましい真実は、ますます多くのイスラエル系ユダヤ人がイランのためにスパイ活動をする用意ができているということだ」と書いています。イスラエルのユダヤ人の一部が現在、イスラエルに対抗してイランのために働く意思があるという考え自体を、「イスラエルの道徳的退廃と社会的結束の崩壊」の兆候だと表現しました。

メルマン氏は「過去6カ月間に20人以上のイスラエル人がシンベトに逮捕され、イラン情報省のスパイ活動の罪で起訴されたと主張した」（エレクトロニック・インティファーダ）とも書いています。移民と経済悪化によって希望を失っている状態がイスラエルにおけるスパイ育成の肥沃な温床になっていることを指摘しています。イランのスパイ容疑で逮捕されたイスラエル人の中にはベラルーシとウクライナからの新移民がいました。

こういった中東の現状をスパイ防止法すらない日本政府は真剣に受け止め、技能実習生と称する80万人以上の移民受け入れ政策を早急に見直すべきです。

諜報活動を知らずに、国益を語るな！

石田　工作活動という意味では、日本が極めて弱い分野ですし、一方でこれからは諜報活動が国益を左右する場面も出てくるでしょう。

情報戦争やサイバー戦争が、ドンパチやる戦争よりも先に起こっているわけです。諜報活動という意味では、24年9月にレバノンのヒズボラ幹部を襲ったポケベルとトランシーバーの爆発事件も、イスラエルのモサドが仕組んだものでした。少なくとも12人の民間人を含む42人が亡くなっていて、３０００人以上が負傷しています。

ヒズボラがどこかの企業から買ってきたポケベルが爆発したのですが、モサドがつくった会社を通じて販売されていて、どこかの時点で爆破装置が仕組まれていた。それを知らずに、ヒズボラの幹部連中に、そのポケベルが行き渡ったという話ですが、同じようなことがこれまで何度も、イランやレバノンでも行われているらしい。

先ほど紹介した『ポケベル爆破と中東戦争〜〝暗殺国家〟イスラエルvsヒズボラ全面戦争リスク』でも、イスラエルはこれまで何回も重要人物の暗殺を繰り返してきていると伝えています。そのうえ、証拠が残らないように、巧みなやり方で行われています。動画では、歯磨き粉に毒が注入されていて、その歯磨き粉を使うことで徐々に体が蝕《むしば》まれていき、重要人物が原因不明で死亡するといった事例も紹介されていました。

大高　『ハマスの息子』（モサブ・ハッサン・ユーセフ著・青木偉作翻訳、幻冬舎）というノンフィクション作品には、ハマス最高指導者の息子が組織を裏切り、イスラエルのスパイとなるストーリーが描かれています。イスラエルはパレスチナ人を正式な裁判なども踏まえないまま拘束し、そこで拷問などをして自白を強要します。

ハマスの息子が何故、ハマスを裏切ってイスラエルの協力者になったのかといえば、拘置所の中でハマス同士によるリンチ殺人を目撃し、ハマス不信になったわけです。何故ハマス同士でこのような陰惨なことが起こるのかと言えば、彼らは拘留されている間に飴と鞭によって、不本意ながらイスラエルの協力者に仕立て上げられてゆく。そういったハマスが増えてゆくにつれ、お互いに疑心暗鬼になって〝お前、イスラエルの犬に成り下がったのか？〟といった追及がリンチ殺人にまで行き着いてしまうのです。

著者のモサブ・ハッサン・ユーセフ氏は生い立ちから必然的にハマスにリクルートされ、最後はハマスを裏切って、ムスリムからキリスト教徒に転向してアメリカに亡命し、反ハマスのスポークスマンになっていく。ユーセフ氏は２０２３年10月７日のハマスのテロ以降、アメリカのユダヤ系団体の集会に引っ張りだこで、ハマス批判をして拍手喝采を浴びています。もちろんハマスにも問題は山積みでしょうが、だからといって10・７日テロ以前、18年間も〝世界一巨大な監獄・ガザ〟に閉じ込められていたガザの人々の悲劇を肌身で知っているユーセフ氏が、クリスチャンの名のもとに発するハマス批判の動画は私には響くものがありませんでした。ですので彼自身も〝自分はパレスチナ人からは売国奴呼ばわりされる〟と話しています。

パレスチナ人が理由もなく収容所に入れられるのはよくある話で、そこで家族の写真や情報を元に脅される。協力者になるなら、家族の安全が保障される。要するに、ハマスを裏切るか、家族を捨てるか、なのです。誰もが、家族を守りたいですから、究極の決断を迫られるわけです。不本意ながらも、イスラエルに協力せざるを得ない。でも、イスラエル軍が諜報活動でいくら幹部を暗殺しても、パレスチナ人は次々とハマスの戦闘員になっていく。そのため、イスラエル軍とハマスの戦いには終わりがないのです。

男女とも性的なスキャンダルを握られ、弱味につけ込んでスパイに仕立て上げられてしまうケースがあります。アメリカの大富豪ジェフリー・エプスタイン氏は性的人身取引で起訴されて、2019年に拘置所内で自殺しました。

このエプスタイン事件は有名ですが、欧米では報道されても、日本のメディアはほとんど報じていません。ネットフリックスでは『ジェフリー・エプスタイン：権力と背徳の億万長者』というドキュメント番組がつくられていて、英王室のアンドリュー王子やビル・クリントン元大統領などの名前も取り沙汰されています。

エプスタイン氏は、イスラエルのハニートラップ（スパイが行う色仕掛けによる諜報活動）機関という説もあります。クリントン元大統領と不倫スキャンダルで世界中の注目を集めたモニカ・ルインスキー氏も、「カリフォルニア州サンフランシスコの東欧ユダヤ系医師の家に生まれた」と、ウィキペディアには載っているので、そういう説が出るのも頷けます。

石田　日本も日清、日露、太平洋戦争までは諜報活動を活発に行っていたのでしょうが、戦後80年近く経ち、自国はもとより、他国がスパイ活動をしていることにも注意を向けていません。国家における情報保全の一環として、政府が保有する安全保障上の重要な情報を扱う人が誰なのかを特定するぐらいのことはやってほしいですし、こうした「セキュリティ・クリアランス」制度について、国民的な議論が必要ですね。政治家や自衛隊員は、すでにハニートラップに引っかかっているかもしれないし、２０２５年はそういう観点で安全保障を考えるべきです。戦後長らくこうした議論がタブー視されてきましたが、台湾有事も含め、日本も世界の大きなうねりの中にあることを忘れてはいけませんね。

大高　そういう意味では、アメリカの軍需産業部門がロビー活動などを通じて、戦争と関わっていることを知るべきかもしれません。ロシアとウクライナの戦争で、アメリカの軍需産業の規模は60兆円を超えたとも言われていますが、そこで儲けているのは資産運用会社も同様です。

石田　ブラックロックとステート・ストリート、バンガード・グループの3社は、S&P500（米国を代表する500社）の8割くらいには投資しているという話です。

日本の企業にも資産運用会社は投資を伸ばしてきていますし、いわゆる「物言う株主」の影響は今後拡大していくでしょうね。

大高　岸田文雄前首相は、在職中、迎賓館で世界の機関投資家らとの夕食会に出席していました。ブラックロック主催で、国内外20機関のトップたちを集めて開催されていました。アラブの政府系ファンドも招待されていますので、ブラックロックにはそれだけの政治力があるということです。

石破茂内閣には安全保障分野に強い政治家が閣僚に入っているので、この分野には各国の機関投資家が興味を持つでしょうね。

石田　石破首相は、総裁選の時の発言と首相になってからの発言がガラリと変わったと報道されています。米中からの圧力もあるでしょうし、機関投資家からの圧力もあるでしょう。

　これまでは党内野党的な立場で好きなことを言えたけれど、実際に権力者になってみると、上にはもっと権力者がいたということです。石破首相は顔つきも変わってしまって、圧力というよりも、露骨に脅されているのかもしれません。メディアや野党の政治家は「石破さん、自分らしさを貫いてください」とか言うけれど、石破さんは「自分らしいことを言うと、国民には慕われるけど、自民党では嫌われる」とか言って逃げていましたよね。

大高　24年8月9日に、長崎で平和記念式典が行われました。この際に、アメリカのエマニュエル駐日大使（当時）が欠席し、それに促されるように複数の西側諸国の大使が出席を見送ったのです。

　各国大使館は「イスラエルがこの式典に招待されなかったから」と説明しました。一方、長崎市の市長はパレスチナとイスラエルの戦争の最中ということもあり、「政治的な理由で招待していないわけではなく、平穏かつ厳粛な雰囲気のもとで式典を円滑に実施したい」という理由を述べています。日本を除くG7各国とEUは足並みを揃えるように、ある意味長崎市に圧力を掛けたのです。アメリカとイスラエルがいともたやすく西側諸国を動かし、批判は受け入れないということを露骨に示した事例でした。

台湾有事は米中のマッチポンプか

石田　西側諸国にとって、日本は駒にしかすぎないのでしょう。日本はG7に入れてもらって喜んでいるのかもしれませんが、アメリカやイスラエルにとっては黙って後ろについてくる犬のポチに過ぎない。そんな状態で、台湾有事をあおられて、戦争の準備をしなければいけないし、防衛費を増やさなければいけない。

「台湾有事は日本有事」という安倍元首相の発言もありましたが、日本は巻き込まれても、アメリカが参戦するかどうかには疑問があります。

ウクライナでの戦争のように、台湾に資金や兵器を提供し、米軍は動かないかもしれない。台湾だけでなく、日本と韓国もアメリカの軍需産業のお得意様です。型落ちの兵器でも喜んで買ってくれる。日本に親米保守の評論家は多いのですが、私から見ると「拝米保守」に思えてしまうのです。日米同盟を否定するつもりはありませんが、国益の観点で見れば、アメリカに物言うことがあってもいい。石破首相は日米地位協定の前向きな見直しを唱えていましたが、アメリカには相手にもされませんでした。情報戦においても、日本は情報が筒抜けで、盗まれまくりでしょうから、アメリカにとっては安全保障分野を整えてから要望してよ、ということかもしれません。

大高　NEDの工作活動を日本に紹介した遠藤誉氏は「台湾有事を創り出すのはCIAだ」とし、NEDの過剰な台湾政府への関与などを指摘しています。遠藤氏は習近平は荀子《じゅんし》の「兵不血刃《ひょうふけつじん》」（刃《やいば》に血塗らずして勝利を収める、転じて「戦わずして勝つ」の意）の哲学を持っているため、台湾への武力攻撃はあり得ないと言っており、他にも「台湾は中国から見ればすでに中国の一部なので（台湾の意志は置いておいて）、いまさら台湾に武力侵攻するメリットよりデメリットのほうが大きいから台湾有事は起こらない」と指摘している有識者もいます。ですので台湾独立派が声高にスローガンを叫ぶことが中国の台湾侵攻の大義名分になりかねず、その独立派を支援しているのがNEDです。

中国も侵攻する理由がほしいので、台湾独立派が過激になればなるほど都合がいい。中国にとってはあくまで国内問題であって、独立を叫ぶ勢力を鎮圧するといった立場を国際社会に発信するはずです。つまり、米中でマッチポンプをやっていて、アメリカが資金を出して独立運動を叫ばせ、北京に侵攻させる下準備をさせているようにも見えるのです。

アメリカの兵器産業は、日本にも台湾にも武器を売ることができる。いまはウクライナやイスラエルに需要があって在庫もはけ、すぐには生産が追いつかないので対応できないにしても、次は台湾有事をしきりに演出してアジアに武器のセールスを加速させる。

私は台湾有事よりも先に朝鮮半島有事のほうが危険性が高いような気がします。そのためにラーム・イスラエル・エマニュエル駐日米大使は、日米韓の軍事演習や会合をとりしきり、ロシアにくっついた北朝鮮を威嚇するため、韓国から北に攻め込ませるシナリオを描いている。

実際に韓国の尹錫悦大統領が2024年12月3日夜、突然、「(野党側の言動は)内乱を企てる明白な反国家行為だ」などとして、非常戒厳を宣言しました。韓国では1980年以来、44年ぶりとなる戒厳令の布告で、寝耳に水のニュースで〝クーデター未遂〟だの〝大統領夫人の醜聞を護るため〟だの様々なニュースが錯綜しました。とはいえ、バイデン政権からトランプ政権への移行期に突発的に発令された戒厳令を俯瞰的に見れば、朝鮮半島の問題だけではないと思います。野党側には北朝鮮、更に北にはロシアがいるわけですが、2024年7月11日に「韓国の大統領夫人・金建希氏は11日、全米民主主義基金(NED)を訪れ、北朝鮮の人権問題について意見交換をした」と日経が報じています。NEDといえば第1章でも触れましたが、諸外国の政権転覆がお家芸です。今回の戒厳令に対するNEDの直接的な関与は現時点ではわかりませんが、韓国与党の脆弱さが露呈したことは確かです。この政状況不安が朝鮮半島有事のトリガーにならないことを願います。

トランプ政権に代われば情勢も戦争回避の方向性に変わることを願うばかりです。いずれにせよ戦場になるのは、台湾と朝鮮半島、そして要注意なのがいまだ国連の敵国条項からはずされていない日本だと思います。米軍は参加しないので、死ぬのは自衛隊員。米軍は中国との軍事衝突を避けるという理由で後方支援に徹する。中国が戦術核の使用をちらつかせれば、アメリカは何もしない。これはロシアとウクライナの戦争で経験済みです。

石田　大高さんには、『「日本」を「ウクライナ」にさせない！』（WAC）という本がありますが、いままさに中国はウクライナでの戦争を研究しているでしょうね。韓国軍の場合、有事の際、戦時作戦統制権は米軍に移管されると思うんですが、日本の場合も同じでしょうね。

日米の外務・防衛大臣による2プラス2では、在日米軍を「統合軍司令部」として再構成するとされています。台湾有事の際、まずは自衛隊が動いて防衛に当たるけれども、もし沖縄などの米軍基地が攻撃されて参戦する場合の指揮権は米軍にあるということです。

防衛省は自衛隊が在日米軍の指揮下に入ることはないと言っていますが、ハワイにあるインド太平洋軍が作戦指揮の権限を持っています。日米の部隊の円滑な連携を理由に、現実的には、自衛隊を指揮する権限が総理大臣ではなくて、アメリカにあるというわけです。もちろん、実際に戦争になったら、日本はたいしたことができないから、仕方ないでしょうけどね。

大高　先ほどイスラエルによるオクトパス・ドクトリンの話をされましたが、欧米ではタコを「デビルフィッシュ」と呼んで忌み嫌っています。キリスト教の原点であるユダヤ教の戒律の影響とも言われています。アメリカは第二次世界大戦において東京大空襲を誘発するプロパガンダ映画ディズニーアニメ『空軍力の勝利』を制作しました。映画解説をしている但馬オサム氏は、「米国によるこの世紀の大虐殺作戦（東京大空襲）の陰の功労者（？）として一人の映画人の名を挙げなくてはならない。ウォルト・ディズニー」と皮肉を込めて書いています。アメリカの軍産複合体にしてみれば、イランであろうと、日本や朝鮮半島や台湾であろうと、兵器を売って儲かればいいという面があります。非ユダヤ教徒をゴイムと呼び、家畜同然とみなしている。『旧約聖書』を読めば、神に選ばれたユダヤ人によるジェリコ攻略、異民族虐殺を神の名において公然と行ったと書かれています。ですからいまこそ彼らの思想を知り、その狡猾な戦略を見抜いて、政治的、外交的に事前に対処していかないと、まんまと乗せられ、戦争に巻き込まれてしまう可能性があります。

表向きは国家vs国家ですが、よくよく俯瞰《ふかん》してみると、それらの国の中枢を操っている二重三重国籍者の影がいつの時代の大戦でも見え隠れするのです。しかし歴史教科書ではその存在は抹消され、あの戦争も○○国vs○○国の闘いだったという枠組みにリードされ、そこで思考停止で終わりです。だから悲劇が繰り返されるのです。

石田　サウジアラビアもイランも、アメリカやイスラエルの思惑をよく理解しているんだと思います。だから、要人が暗殺されたり、報復されたりを繰り返しても、簡単には挑発には乗らないし、戦争を避けようとしているのがよくわかります。ＢＲＩＣＳやグローバルサウスの国々も、敵対しても得をすることは何もないから、アメリカとはバランスよく付き合っています。日本もアメリカの表と裏の動きを両方知ったうえで、バランスよく対等の関係で付き合ってほしいですね。

イスラエルは次にトルコを狙うのか？

大高　トルコのエルドアン大統領は、イスラエルを「戦争犯罪国家」と呼んだり、「西側諸国の価値観は死につつある」と言ったり、「停戦のために活動しているとされる人々が、イスラエルが虐殺を続けられるように舞台裏で武器や弾薬を送り続けている」と、あからさまにアメリカのダブルスタンダードを批判しています。かつてはイスラエルと軍事演習までしていましたが、エルドアン大統領は２０２４年11月13日、イスラエルとの国交断絶を発表しています。トルコはＮＡＴＯの一員でありながらＢＲＩＣＳに加盟申請するなど、外交手腕に長《た》けています。

石田　エルドアン大統領は、首都アンカラの演説で「イスラエルはパレスチナやレバノンに続いて、われわれの祖国も狙うだろう」と発言しています。もし、イスラエルがＮＡＴＯに加盟しているトルコを攻撃したら、欧米諸国は締約国に対する武力攻撃を全締約国に対する攻撃と見なすのでしょうか。本来はアメリカやイギリスは、イスラエルに攻撃しなければいけないわけです。でも、何かしらの理由をつけて、それは避けるでしょうね。

エルドアン大統領は、ＮＡＴＯ首脳会議で「パレスチナに包括的かつ持続可能な和平が実現するまで、トルコはイスラエルとの協力へのＮＡＴＯ内の試みを認めない」と述べています。トルコはロシアとの距離感を縮めていますし、ＮＡＴＯ脱退の方向も考えているのではないでしょうか。プーチン大統領と直接対話ができるのは、ＮＡＴＯ加盟国の中ではエルドアン大統領しかいないわけです。

『旧約聖書』の「エゼキエル書」という預言書の中に、ロシアとイランとトルコが、イスラエルを攻めるという趣旨のことが書かれているんです。エゼキエルの預言の方向に進んでいる気がしてきます。イスラエルの極右派は、『旧約聖書』をストレートに解釈するので、「グレーターイスラエル構想」を本気で推し進めようとするのかもしれません。

大高　カズさんの『エゼキエル戦争前夜』は大変興味深い書籍ですね。オスマン帝国時代のトルコは、多民族国家ゆえにパレスチナだって、うまく統治していたという自負があるのではないでしょうか。当時は、ユダヤ教徒もキリスト教徒もイスラム教徒も、仲良く暮らしていたわけですから。しかしながら過激なシオニストは、シオニズムの語源というシオン（エルサレム）の地は、自分たちのもので、そこに入植して何が悪いと考えています。

これではイスラエルとパレスチナは交わりません。

石田　もともと世界中のユダヤ人がイスラエルに集まってきているので、少数政党が乱立しています。ですからイスラエルの選挙は比例代表制で個人名ではなく政党に投票します。当然連立が当たり前で、ネタニヤフ氏は連立をつくる交渉がうまいんです。しかしながらいまの第6次ネタニヤフ政権が過激化しているので、イスラエルの富裕層はけっこう国外に脱出していますし、頭脳流出が問題視されています。

大高　ですから国外脱出組の航空運賃も2倍になっているとも言われています。日本は二重国籍を認めていないので、日本人には理解しづらいのかもしれませんが、イスラエル人には二重、三重の国籍なんか当たり前です。パスポートをいくつか持っていたりします。

エルサレム旧市街。オスマン帝国時代に建設されたダマスカス門

預金や残高証明があれば、西側諸国は受け入れてくれますし、ユダヤコミュニティがありますから、情報も入るし仕事もあるのでしょう。キプロスなんか富裕層のイスラエルエリートが我が物顔で長期滞在してリゾートホテルで長期バカンスをするメッカになってい

ますよ。

石田　イスラエルは人グローバル化していますし、語学やデジタルに長けています。一方、パレスチナ人はお金もないので、あの地域で生きていくしかないのです。デジタル技術に関しては、アメリカとイスラエルが手を組めば最強でしょうね。モサドがヒズボラ幹部のポケベルを爆破させたのにも、世界は驚かされましたが、通信アプリもアメリカ発のものが多いわけです。要人の居場所なんかも、把握するのはたやすいことなんでしょう。

日本人は、よくTikTokが中国のアプリだから中国に情報を抜かれているとか、LINEは韓国系だから情報収集されているとか言いますが、アメリカも同じですからね。フェイスブックやインスタグラムでも、ビッグデータとして情報は把握されています。

日本人にはアメリカ信者が多いので、疑問に思っていませんが、諜報機関が情報を入手しようとしたら、簡単にできてしまうはずです。私たちが持っている情報は、大した情報ではないので、追跡されたり、会話が狙われたりすることはないのですが、ただ、重要情報や機密情報を持っている大臣や高級官僚などは、常に監視されていると思います。

大高　日米合同委員会を問題視している川口智也氏は「アメリカのCIA、NAS、DIA、DHS契約の大半を、タルピオット（イスラエルのサイバーエリート部隊）や820

０部隊（イスラエル国防軍のサイバー攻撃・防御の超精鋭部隊）の卒業生が率いる新興企業が管理するようになり、アメリカの民間及び軍事の重要インフラのセキュリティはイスラエルに握られることとなった。これが超大国であるアメリカでさえイスラエルのジェノサイドを止められない理由」と述べています。

日本も他山の石ではなく「イスラエル諜報機関と密接な関係を持つイスラエルのサイバーセキュリティ企業は、原発や東京ガス、富士通、大日本印刷、防衛費増額により大きな投資を受けるＮＴＴセキュリティ株式会社を通し日本の防衛にまで進出しています。ＮＴＴセキュリティは２０２３年２月の時点でイスラエルのダイバーシティ企業11社と提携を進めている」と伝えています。ラーム・イスラエル・エマニュエル駐日米大使が日本にＬＧＢＴＱ法案をごり押しした背景にはこういった現実をちらつかせながらの結果であったのではないでしょうか？

石田　ほかにも、資産のある方々は通信アプリで追跡されるケースがあるようです。たとえば、資産５０００万円以上を持つお金持ちが、フェイスブックのメッセンジャーでやりとりする言葉や絵文字を集めて、ビッグデータとして活用しているようです。それによって株価や為替の動向が掴めるという話を聞いたことがあります。マーケティング上必要なデータについて、世界中のメッセンジャーの履歴、やりとりを地域別、年齢層別、男女別などのフィルターにかけてＡＩで解析していくと、消費動向や政治的な方向性などを掴めるようです。こうしたビッグデータが、投資会社やグローバル企業で売買され、莫大な収益を生んでいるんだと思います。たとえば、世界中のワクチンに対する賛成と反対の意見を分析して、日本人はワクチンへの許容度が高いとなれば、製薬会社はワクチン接種で収益化できるわけですから、経営判断として躊躇しないんです。

大高　デジタルの時代になれば、われわれの情報だけでなく、要人の居場所なども丸裸と思ったほうがよいですね。ヒズボラの最高指導者ハッサン・ナスララは、イスラエル軍とガザのハマスとの停戦が成立したら、イスラエルへの攻撃を停止すると考えていた。でも、イスラエル軍はハマスとは別にヒズボラを殲滅したいので、ハッサン・ナスララに余計なことを言われる前に空爆で殺害したと言われています。もちろん居場所もちゃんと把握していた。イスラエル軍にとって、停戦は困るわけですよね。

石田　ネタニヤフ政権としては、何にも成果を上げていないから、とにかく国内世論を押さえつけるために、何か戦果がほしかったんだと思います。ガザでは、人質は解放できていないし、ハマスを殲滅したわけでもない。ただただガザ地区を瓦礫の山にして、国際社会から非難されています。イランの核開発も止めることはできないし、さらにイランとは戦争が拡大しそうな状況です。戦争が長引けば、イスラエル経済だって右肩下がりに落ちていきます。

イスラエル国民を説得できる材料が何もないから、ガザからレバノンに戦争の焦点を移したんだと思います。ヒズボラの最高指導者のハッサン・ナスララや後継指導者候補のハーシム・サフィーッディーンを殺害すれば、ネタニヤフ政権にとって、国民を説得する一つの材料ができたわけです。国内世論を別のほうに目を向け、政権維持を図ったんでしょう。

大高　でも、第2、第3のナスララが出てくるわけです。ヒズボラの戦闘員は4万人を超えるし、ミサイルやロケットを15万発以上保有していると言われています。

単なるテロ組織というよりも選挙などにも参加する政治組織ですよね。独自の放送局も持っています。ハマスと同様に、貧困層への教育や福祉にも力を入れていて、学校や病院も運営しています。イスラエルに暗殺されたヒズボラの最高指導者だったナスララ師はレジェンドとなり、いまだレバノン国民の支持も消えていません。ヒズボラが弱体化したのは事実ですが、簡単に殲滅できるものではありません。

とはいえ2024年12月9日、シリアのダマスカスが反アサド政権武装勢力によって

イラン。ヒズボラ・ナスララを称える壁画

陥落しアサド大統領は飛行機で緊急脱出しました。行き先は現時点では不明です。今後のシリアの権力抗争は未知数ですが、イスラエルにとっては有利な流れとなっているようです。というのもイランとシリアの連帯を断ち切れば、ヒズボラへの兵器供給ラインに楔を打ち込むことになるので都合がいいわけです。とはいえアサド政権は直接イスラエルを攻撃したことがないので、次期シリア政権がどのような政治色を帯びるかで、カズさんが指摘してきた「エゼキエル戦争」に発展しかねない気もします。ひょっとしたらその流れを見込んでトランプ政権は900人シリアに駐留している米軍撤退を決断する可能性もあります。アフガン撤退のように……。

石田　日本のマスコミだけ見ていると民主化運動が起きてシリアが平和になるとか流しているわけですよ。でもね、平和になるなんて思ってる中東の人は誰一人としてないと思うんです。

これはグレーターイスラエルを企んでいるイスラエルのシオニストたちによって行われ

たシリア分裂で、「分割統治（ディバイド・アンド・ルール）でシリアをパレスチナのようにしよう。その上でドサクサに紛れて入植活動をしたり石油を盗んだりして、シリアの半分くらいを実質イスラエルのものにしてしまおう」という計画だと思います。基本的に現在、ロシアもイランもいま戦争はやりたくないという弱気なところにイスラエルがうまくつけ込んできたような気がします。イスラエルはこのクーデターをまるであらかじめ知っていたかのように、すぐに不法な土地強奪を全面開始しました。

ハマスの最高指導者ハニヤ氏をテヘランで暗殺し、次のシンワル氏も暗殺しました。今後は、イエメンのフーシ派のトップを狙うんじゃないですかね。オクトパス・ドクトリンの考えでいくと、イランの中枢も狙うはずです。ネタニヤフ政権の戦争拡大路線は、いつ止まるのか、予測不能になってきました。イスラエル国民がネタニヤフ氏を政権から引きずり下ろすか、アメリカが大人しくさせるか、そのどちらしかないような気がします。

第3章

拡大BRICSは世界を変えるか？

ドル依存体制からの脱却をめざす

石田　世界経済の変化を生み出した大きな原因の一つが、２０２２年2月24日のロシアによるウクライナへの軍事侵攻です。このウクライナ戦争がきっかけとなって、世界構造に劇的な変化がやってきたと思うんです。西側諸国はロシアに経済制裁を仕掛けました。ＳＷＩＦＴ（国際銀行間通信協会）からロシアの複数の銀行を排除して、国際金融取引をできなくしてしまった。ドル決済を利用できなくして、ロシアを弱体化させるというのが、当時のバイデン政権や西側諸国の思惑でした。けれども、ロシアは石油や天然ガスもあるし、希少金属や農産物もあります。中国やインドは安くなったロシアの資源をせっせと買い漁ったわけです。ＢＲＩＣＳ（ブラジル、ロシア、インド、中国、南アフリカ）を中心に、グローバルサウスの国々との取引は継続され、結果的にブロック化を進めてしまう結果になりました。ロシア経済が苦しいのは間違いないのですが、国民は過去に戦争を何度も経験していますし、生き残る力はほかの国よりも強いことが証明されてしまった。

アメリカにとってはこの経済制裁が裏目に出た。ドル決済を利用できなくなったロシアを周りの国々が見ていて、自国もドルで制裁されてしまうと恐怖感を抱いたのです。その結果、グローバルサウスの国々が次々にＢＲＩＣＳに加盟申請しています。彼らには一刻も早くドル依存から脱却しようという思いがあるのでしょう。ＢＲＩＣＳには当初の５カ国に加えて、24年1月にエジプト、エチオピア、イラン、ＵＡＥ（アラブ首長国連邦）が加盟しています。

10月22日から24日まで、９カ国に拡大後、初めてのＢＲＩＣＳ首脳会議がロシアの中部の都市カザンで開かれ、タイ、マレーシア、トルコ、インドネシアなど13カ国が「パートナー国」として加盟しました。いまは「拡大ＢＲＩＣＳ」とも「ＢＲＩＣＳ＋（プラス）」とも言われますが、共通するのは「パレスチナを国家として承認していること」と「対ロ制裁をしていないこと」。それとアメリカから制裁されている国が多いことも特徴です。今回の会議でも、「国際法に反する一方的な経済制裁の撤廃を求める」としたカザン宣言を採択しています。

大高　このカザン宣言には、「米ドル依存脱却に向け、ＳＷＩＦＴとは異なる独自の決済システム構築をめざす」という点も含まれています。「ＢＲＩＣＳ　ＰＡＹ（ブリックス・ペイ）」という加盟国によって開発された分散型で独立した決済システムが、これから注目されると思います。10年の中長期のスパンで見れば、ドル基軸通貨の終わりの始まりであり、基軸通貨体制が大きく揺らぐということです。

ＢＲＩＣＳ経済圏は、当初の５カ国だけでも世界人口の40％を占め、世界経済の４分の１（22年、26％）を占めています。世界の金準備の20％以上を管理しているとも言われ、１９７１年の金とドルの交換停止以降のドル基軸とは違うシステムを構想しているようです。ＢＲＩＣＳは国家間決済用の通貨として「Ｔｈｅ ＵＮＩＴ（ユニット）」という新通貨を利用するようです。これは、金（40％）とＢＲＩＣＳ＋通貨（60％）により価値を構成する半金本位通貨で、ペッグ制（固定相場制）にする。分散型台帳（ブロックチェーン）を採用し、ドルのように自国都合で勝手に印刷し、発行、使用することができないような管理になるようです。今後、ＢＲＩＣＳ各国は金の保有高を増やしていき、中国のように米国債を上手にしれっと売って、金に換えていくのでしょう。日本は残念ながら、ドルの価値が長期的に落ちていく中で、米国債を売ることも許されず、損をかぶることになるのかもしれません。

今回の会議では36カ国が参加したようですが、これがグローバルサウスの国々にさらに拡大していけば、Ｇ７や西側諸国が動かしてきた世界経済も変わらざるを得ません。

もちろん、中ロ主導ですから、一枚岩ではないし、利害関係のある同盟関係なので、全体的には「烏合の衆」なのでしょう。中国の元だって、世界では通用していません。それでも米英が国際社会に対して過去にやってきた侵略や間接統治がバレてきてしまった。先進国や西側のやり方にノーを突き付けて、烏合の衆かもしれないけれども、もう許さないという意思表示なのでしょう。

プーチン大統領は、記者会見で「あらゆるものを支配しようとする勢力」や「新植民地主義」といった言葉を使って、欧米のルールや価値観に疑問を呈したのです。人権や民主主義、気候変動対策などを押し付けるグローバリズムを批判しているわけです。イスラエルによるパレスチナへの執拗な攻撃に対しても、アラブ圏の中東諸国だけでなく、ＢＲＩＣＳやグローバルサウスとして圧力をかけていくのではないでしょうか。

石田　トランプ氏は圧力を強めるでしょうが、２０２５年には、新通貨「Ｔｈｅ　ＵＮＩＴ」がオープンになり、その後長期的にＢＲＩＣＳは拡大するでしょう。一方でＧ７が縮小していく流れは止められないでしょう。

すでに、金価格は右肩上がりですが、ＢＲＩＣＳ各国の中央銀行は自国の通貨価値を担保するために金保有を増やしていると言われています。そのため、金価格が下がる材料がここのところなかなか見つからないんです。有事の金とも言われますが、それに加えて各国の中央銀行が金保有に動いている。これはＢＲＩＣＳ共通通貨体制への流れをつくっているのだと思いますが、ただ各国の思惑に異なる部分もあって、なかなか一枚岩ではないところもあります。ロシアはドル排除の代わりにBRICS通貨を使用したいと考え、インドはたくさんある通貨の中にドルの使用を位置付けています。

また、IMF（国際通貨基金）に代わる組織をBRICSでも新たにつくるという構想もあり、共通通貨は紙幣を発行するのではなくて、ブロックチェーンを利用して、新たな決済システムを導入するようです。デジタルで管理すれば、わざわざ紙幣で印刷して流通させる必要もないし、貿易決済などの国際間取引に力を発揮するはずです。つまり、ユーロが導入されたときのように、ヨーロッパ全体で共通の通貨を使うのとは訳が違うのです。

外交上の立ち位置はインドに学べ！

大高　米ドル依存脱却に向けて「BRICS PAY（ブリックス・ペイ）」など、新しい通貨制度の礎を築いたのはロシア中央銀行の総裁を務める女傑・エリビラ・ナビウリナ氏だとロシア通の情報筋から聞きました。彼女は2014年 プーチンのクリミア併合を受けて 西側がロシアに課した経済制裁もルーブル信用危機を最小限のダメージで切り抜けています。国が主権を貫こうとする時に経済制裁をくらうリスクはつきものですが、ナビウリナ氏はロシアの巨大な石油やガスの顧客を欧米以外の国に狙いを定め、上手に新規開拓したのです。

ＢＲＩＣＳの中でも、インドは、すごく上手な立ち位置を取っていると思います。経済面ではＢＲＩＣＳを活用し、領土問題で揉めていた中国と5年ぶりに首脳会談を開催しています。一方で、安全保障面ではＱｕａｄ（日米豪印戦略対話、クワッド）に参加しています。つまり、西側とのパイプも残し、ＢＲＩＣＳとの貿易面でのメリットも追求するという二股の掛け具合が絶妙で、日本も学ぶべきだと思います。

石田　ロシアへの制裁などを念頭に、一方的な措置への懸念も表明しています。ＢＲＩＣＳにはイランも加盟していますので、イランとの結びつきも残しています。

大高　全体の枠組みとしては、外交上、複雑な関係になっています。おそらくインドやほかのＢＲＩＣＳの国々も、ロシア制裁への懸念を表明する論調を取ったとしても、他の国際会議の場ではまた別のことを言う可能性もあります。ＢＲＩＣＳ自体が、設立時の5カ国とその後の加盟国間で微妙なずれがあります。

経済的なメリットを求めて加盟申請する国もあれば、安全保障上の結びつきを強めようとする国もあります。今後、加盟国が増えるにしたがって、中ロが考える対アメリカ、対欧米という枠組みの性格が薄れていくと思います。パートナー国を見ても、ＮＡＴＯ加盟国であるトルコが入っていて、アジアのタイも入っていますし、東南アジアのマレーシアとインドネシアのムスリム国2カ国が入っています。今後、イスラエルに対抗する枠組みとして、ＢＲＩＣＳが機能する可能性もあると感じました。

先ほども指摘しましたが、中印の5年ぶりの首脳会談も行われ、中国の習近平国家主席とインドのモディ首相は、雪解けを演出しました。20年には国境地帯で両軍が衝突し、20人以上の死者が出たといった報道もあったのに、一気に友好ムードが広がりました。国境問題については、特別代表団が協議し、解決策を模索することで合意しました。

この合意を受けて、10月25日には「両軍の部隊が国境の係争地から撤収を始めた」と現地メディアが報じています。中国とインドに関しては、経済的な利害関係が一致したのだと思います。

中国は、近年経済が失速していて、ビジネス上の経済圏を広げたい。一方、インドはモディ政権が選挙で勝ってから、ビジネス業界から中国との関係を改善しろという圧力が出ていたわけです。こうした背景があっての、両国の雪解けの動きだと思います。決してお互いに信用が構築されたとかではなく、経済的なメリット、つまり国益を優先して今回はいったん手打ちにするということなのでしょう。

石田　ＢＲＩＣＳが一枚岩でないにしても、ドル以外の決済システムができることで、ドル一強の基軸通貨体制に変化が生じることは確かです。資産をドルで隠し持っている世界の富裕層たちは、その一部を金（ゴールド）に換えていると思いますよ。ドル建て資産を手放して、金に買い換えるのがこれから起こる世界の潮流なんじゃないかな。

大高　タックス・ヘイヴン（租税回避地）に預けている資産家のお金は、ドル建てが多いですよね。長期的にドルが弱まるということは、資産家も生きた心地がしないでしょうね。

２０１６年に露見したパナマ文書によると、政治家や世界の企業などがタックス・ヘイヴンを利用して、租税回避やマネーロンダリングをしていたわけです。習近平国家主席やプーチン大統領、イギリスのキャメロン元首相から、俳優のジャッキー・チェン氏やサッカーのメッシ選手なども名前が挙がりました。日本の企業や個人の名前もリストに載っていました。ＢＲＩＣＳ　ＰＡＹが本格稼働するのが何年後になるのかわかりませんが、米ドル基軸に影響するのは間違いありません。貨幣が持つ交換機能や価値貯蔵機能がデジタルで置き換わっていく時代に、どうやって資産を保全するのか、富裕層の悩みがこれから始まりますね。

石田　ドルは長期的には弱まるかもしれませんが、すぐにポーンと大暴落するとは考えにくい。中ロの通貨だって、両国の経済が下降線を辿っているので、下落傾向です。ある程度時間を要して、ドルがだんだん弱体化していくと思うんですね。そうなると、為替は短期の経済指標とかいろいろな要素で値動きをするので、目先は上がり下がりを繰り返しながら、だんだん右肩下がりになっていくトレンドが考えられる。機関投資家は、秒単位、分単位で資金を動かして、ドルを売ったり買ったりしている。彼らは先読みして投資していますが、短期で見ると中長期のトレンドが見えなくなったりします。

戦後１９４５年以降の通貨体制は、旧ＩＭＦ（国際通貨基金）のブレトンウッズ体制で固定相場制でした。その後、71年にドルと金の交換停止により、固定相場制をドル切り下げで調整するスミソニアン体制へと移ってきました。76年以降は、変動相場制への移行を正式に承認したキングストン体制になっています。

ここでＢＲＩＣＳのグループが独自に決済手段を持つと、その通貨体制に変更を迫ることになるのですが、まだまだ先進各国の貿易取引量は圧倒的で、一部のＢＲＩＣＳ諸国が独自に取引をしてもドル基軸通貨体制は揺らがないとは思います。しかし、トレンドや流れ、方向性は変わってしまった。ＢＲＩＣＳ諸国やグローバルサウスの国々が、ドルでなくても国際決済ができれば、アメリカからの圧力を恐れる必要はなくなります。

大高　ロシアは軍事力や資源という観点で見れば、国力があり、先進各国の制裁後も通貨ルーブルは当初それほど下落しませんでした。しかし、中国は経済大国だけれども、不動産バブルの崩壊や地方政府の債務問題などを抱えており、通貨である人民元に信用力がない。デジタル人民元にしても、ＢＲＩＣＳ　ＰＡＹにしても、中国の信用力をどう測るかは未知数なので、どれほど浸透していくかはいまの段階ではわからないですね。つまり、中国は経済指標などでも嘘が前提になっているので、信用がなく、その分リスクが高い。中国貿易をやっている人以外は、誰もデジタル人民元なんか欲しくないと思うでしょうし、一方でどれほどの化学反応、作用を起こすのか、興味はありますけどね。ガラッと変わるというニュアンスではなくて、徐々に変わっていくんでしょうね。

石田　まず向かうのは、通貨の多極化ですね。ユーロや円、スイスフランも取引量からすれば、基軸通貨にはなり得ない。では、ドルが基軸通貨でなくなったら、次は何が基軸通貨になるかということではなくて、基軸通貨という概念がそもそもなくなるのではないでしょうか。

　国家や銀行が発行主体の法定通貨はもちろん、ビットコインやイーサリアムなどの暗号資産も決済手段として、一定の役割を担うようになる。ＢＲＩＣＳ　ＰＡＹもデジタル人民元も、ドルに換わるということではなくて、一つの決済手段用の通貨になるんでしょう。あくまでも多極化という方向に向かうんじゃないかと思います。そのなかで、アメリカ経済が強いままであれば、ドルは勝ち残っていき、そうでなければ、ドルの地位は落ちていく。

大高　日本は円を強くすることを考えるべきだと思います。以前からトランプ氏は「ＦＲ

Ｂ連邦準備銀行を解体」といった趣旨の発言をし、イーロンマスク氏も賛同しています。ＦＲＢの正体については武蔵野大学の大井幸子客員教授がわかりやすく解説しています。彼女の言葉を要約すれば『アメリカの中央銀行、財務省は政府機関の銀行ではなく、株主も非公開の民間銀行で、通貨発行権を持っている。非公開といっても、ロスチャイルド銀行やゴールドマンサックスなどが加わっていることは確か。そしてアメリカの財務省がお金を必要とする時は　ＦＲＢに国債を買ってもらう、つまりＦＲＢがアメリカの財務省に印刷分のドルを貸し付けたっていうことになるわけです。そして高い利子で返済する。つまりＦＲＢは国家の仮面を被りながら、実は民間銀行として濡れ手に粟の商売をしてきたということ。そして残念なことに日本も実は日銀も財務省もＦＲＢのシステムの中に組み込まれている。故に日本も独自の通貨発行権を持つようなグランド・ストラテジーを持つべきだ」と指摘されています。

こうして日本の富も間接的にＦＲＢを牛耳る銀行に搾取されていたのだと思うとがっかりします。勤勉な日本人が汗水流して稼いだお金を、がっぽり税金で持っていかれ、経済成長30年間の停滞は本当に解せません。

通貨の強さは、国力とリンクするところがあるので、円を強くするためには国際競争力や技術力、人口などの潜在的な成長力を高めていくしかないんでしょうね。

石田　日本は戦後貿易立国と言われて、輸出産業で儲けてきたけれども、いまは第一次所得収支にカウントされる海外の工場や株、債券などの資産から利益を得ています。円安誘導して輸出産業で儲けて、その利益でイノベーションを起こして、成長するというのが日本政府の経済政策の根底にあるのかもしれませんが、円が弱くなりすぎると、石油や食料品などの輸入品が高くなり、結局国民の生活を圧迫します。

現在はある意味、国民の生活を犠牲にして、企業収益を賄っているわけですから、企業は貯め込まないで社員に還元して所得を上げていかないと、消費主導の好循環は生まれません。これから、景気が上向かず、所得が低いままで、円安によるインフレが続き、スタグフレーションになっていくのを心配してしまいます。

円ドルレートの適正水準はわかりませんが、１ドル＝１００円くらいが計算しやすくていいです。１５０円近辺だと海外旅行が割高な感じを受けますね。10月にアゼルバイジャンに仕事で１週間行ってきたんです。昔はアゼルバイジャンのどこに行っても、すべてのモノが安いイメージだったんですけど、いまは何を買っても高く感じます。ハワイに旅行に行った知人は、アメリカのインフレがすごいので、自炊のセットをスーツケースに入れて、材料持参で、キッチン付きのホテルで料理して食べたとか。それでは、海外旅行に行く意味がないような気もします。外食でランチを食べただけで３０００円するとか、ディナーだと1万円も当たり前で、家族で行くと数万円になるそうです。自国通貨は、ある程度強いほうがいいですね。

有事には圧倒的に弱い日本の食料事情

大高　通貨が弱いと輸入物価が上がる心配もあります。また、震災などがあると米不足の懸念もあり、米価が上がります。２０２４年8月に宮崎県で震度6弱の地震があって、南海トラフ地震の想定震源域であったため、都市圏で米の買占めがありました。供給不足で店頭価格が上がり、いざという時の食料供給がいかに脆弱《ぜいじゃく》かというのを露呈してしまいました。「米の高値が続いています。10月の消費者物価指数は生鮮食品を除いた指数が去年の同じ月より2・3％上昇し、このうち『米類』は58％余り上昇しました」（ＮＨＫ、２０２４年11月22日）という報道もあります。

これについて、知人の『トモ農園』のトモさんに取材しました。彼は理工系の大学を出ているのですが40代で農業に参入し、このままでは日本の農家が壊滅しかねない（多くの農業従事者が高齢者）ので、若手が参入できる農業を目指して孤軍奮闘し、現場の問題点をＹｏｕｔｕｂｅなどで発信しています。

トモさんは語ります。

「日本は国策で自由競争を推進してきたため、米の価格が下がりすぎています。現在、米の価格は上がりすぎていると言われていますが、それでも農家は赤字です。米の価格は安くはならない。逆に言えば、以前の価格に戻ると、日本の農家は全滅し、外国産米に侵入を許してしまいます。

政府は米の在庫が潤沢にあると話しますが、実際には在庫はかなり厳しいです。それは政府は米の等級を無視して、収穫量だけをカウントして言っているからです。収穫量が多くても、等級が低ければ、食べられる米の量は減ります。すでに、２０２５年６月末の在庫予測は、米騒動が起きた24年と同水準です。しかし、このことはマスコミではあまり問題視されていません。農家の経営がなぜ厳しいのかと言うと、財務省はこれまでもずっと農業保護に使う予算を削ってきましたが、27年に向けて、財務省は農業保護に使う予算をさらに削ろうとしています。もし、実現すればほぼすべての米農家が倒産します。大規模農家も、小規模農家もです。さらに厄介なのが日本政府が、日本農業にとって商売敵になる海外農業への支援を実施する方針であることです。日本の農業予算を削り、海外農業にはバラまく。このままでは、日本農業は数年で壊滅し、国民にとって安定的な食の提供ができなくなります。現状、海外で食の奪い合いが起きていて、食糧安全保障上、非常にまずい状況です。現に、24年はアジア全体で米不足が起き、インドが大幅な輸出規制をかけています。

ではどうすべきなのか？　一言で言えば、日本農家を『直接支える』方向性に舵を切るべきだと思います。政府の支援としては、国内産農業の予算を増やすべき。ただし、中抜きされずに農家に届く支援である必要があります。

もう一つは、消費者の米の買い方を変えることです。米の場合は、末端価格のわずかしか農家に入らないのです。すべては無理でも、ネットなどで農家から直接買う人が増えれば、米の適正価格化へ繋がり、日本の食糧を守ることができます」

米不足や高値の原因を調べると、結局投機目的で備蓄米を外に出してなかったというのが、雑誌の記事で暴露されていて、農水省含めてどちらの味方なんだという気がしました。

知人が『テーミス』10月号に書いた記事ですが、「23年は5キロ当たり1500円から2000円程度であったのに対し、今年は3000円を超える高値がつけられている例もある。地域によっては約2倍の価格上昇を意味しており、消費者にとっては負担が増すばかり」と、米の価格上昇を伝えています。

今回のコメ不足の原因については、「23年夏の猛暑で品質が低下し、市場に出回る量が減った」「インバウンドで外食需要が急増した」「大型台風や南海トラフ地震の警戒情報を受け、家庭での備蓄需要が増えた」などが原因と言われましたが、記事によれば、専門家は「猛暑とインバウンド（の影響）は若干あるかないかといった程度。台風や地震は関係ない。なぜなら春先から卸段階ではすでに品薄で、その二つがなくても不足は確実だったからだ」とのこと。また、米の価格は、この30年間下がり続けているようで、「儲からないから、離農者や米屋の廃業が止まらない。原因は国が自由競争を激化させたからで、みな価格を抑えなくてはと『誰も儲からないシステム』が完成してしまった。農家の数は毎年万単位で減っている」のだとも。現状、日本の備蓄米は、わずか4カ月分と言われ、有事の際には明らかに不足するようです。たしかに、値上がりによって米穀販売店や卸売業者のビジネスは順調だという。だがそれは、本来国が負担すべきコストを末端消費者に一方的に負わせ、犠牲にしただけの話だと指摘しています。

米は主食だから、均一に国民に配給できるような態勢を本来、農水省が取らないといけないのですが、このあいだ、米農家の人に聞いたら、米不足はまた起きると断言していました。なぜかと言えば、減反政策がずっと進められて、２０１８年から減反政策を廃止したけれども、つくる人がいないんです。農家の平均年齢は68歳で、農業従事者の高齢化はますます進んでいるし、稲作の平均年収は253万円で、畑作に比べて儲からない。

しかも25年4月から「農業経営基盤強化促進法」によって、農地の貸借権の権利（利用権）の設定を行うようになります。つまり、農地中間管理機構（農地バンク）を利用した貸借を行う必要があって、農地を借りることができなくなるというおかしな法案が通ってしまったんです。

新たに若い人が農業をやりたいからと、農家さんから土地を借りようと思っても、25年3月までに借りておかないと参入できない状況なんです。なぜ、こうなったかと言えば、大資本が農地を押さえられるシステムが構築されたからなんです。「農業者に対する農用地の利用集積、経営管理の合理化その他の農業経営基盤の強化を促進するために整備された」法律となっていますが、中国はじめ外資系企業が買い占めるのを促進する法律という指摘もあります。

そのうえ、種も肥料も約9割は海外で生産され、輸入されているんです。農水省のデータでは、野菜の自給率は75％ですが、種の自給率を考慮すると「真の自給率は8％」と言われています。もし有事の際に、日本に輸入されなくなったときには、ABCD包囲網のように資源だけではなく、食料の元になる種から実は兵糧《ひょうろう》攻めに遭うことが目に見えています。食の面において、これほど脆弱だということが国民に知らされていないのです。

石田　18年に種子法が廃止されました。種子法は「主要農作物である米や大豆、麦など野菜を除いた種子の安定的生産及び普及を促進するため」に制定された法律です。日本はＴＰＰ（環太平洋パートナーシップ協定）などのグローバル化を進めるために、民間企業が種子生産に参入しやすくするように、規制緩和したわけです。同時に外国の種子を扱うグローバル企業の参入を促したのです。国や自治体が種子を支えなくなると、海外産の種子が普及することになり、グローバル企業によって、いずれ種子が支配されかねないし、日本の農家が自家採種できなくなることも懸念されています。

大高　農業問題はほんとうに深刻だと思います。たとえば２０２４年に成立した『農村基本法』には、海外農業への支援が明記されました。つまり日本政府が、日本の農業と商売敵になる海外農業への支援を実施する方針である事です。石破総理の所信表明演説にもこのような内容があります。

『この夏、店頭から米が一時、消えたことは記憶に新しいところだ』と〝令和の米不足〟に触れ、『人口減少下においても、農林水産業・食品産業の生産基盤を強化し、安定的な輸入と備蓄を確保することなどを通じて、食料安全保障を確保する』（２０２４／11／29）

更に問題なのが財務省です。２０２７年に向けて、財務省は農業保護に使う予算を削ろうとしているのです。米農家の人に聞いたのですが、これが実現すれば、ほぼ全ての米農家が倒産しかねないということです。

日本は瑞穂の国です。毎年11月23日、全国の神社において新嘗祭が行われます。「新」は新穀（初穂）、「嘗」は御馳走を意味し、天照大御神はじめ八百万の神様方に新穀をお供えし、神様の恵みによって新穀を得たことを感謝する祭祀ですが、肝心な神様にお供えするお米が不足して輸入小麦なんかお供えするはめになったら罰が当たりそうです。米は日本人の胃にも合うんです。日本人弱体化のためにＧＨＱが米から小麦に変えたという指摘もあります。

余談になりますが、〝気〟は戦前は〝氣〟と書きました。日本人の元氣の源である「米」を抜いて「メ」に入れ替え、コメは〝米国〟に持っていった。中国では米国を美国と書きます。都市伝説かもしれませんが、気と氣を見比べるとあながち嘘でもないような気がします。

それくらいお米は日本人にとって大切なものなのです。政府は減反政策をやってきたから、備蓄米は出さない。ある意味、面子の問題で供給が減っていて、バイヤーなどの中間業者が儲けて、米農家は儲かっていないのです。政府は、食料の安全保障を真剣に議論したほうがよいと思います。

石田　食料だけでなく、石油に関しても書籍やＹｏｕＴｕｂｅで再三警鐘を鳴らしてきたつもりですが、日本は石油や天然ガスについても真剣に議論したほうがいいと思います。エネルギー問題への危機意識がなさすぎますね。9割以上も中東に依存しているのは、どういった理由からなんでしょうか。ホルムズ海峡を通る輸入ルートも多様化しないと、有事の際には石油や天然ガスが入ってこなくなります。

国内に目を向けると、海底には天然ガスの主成分であるメタンガスが水分子と結びついた氷状のメタンハイドレートがあると言われ、次世代のエネルギー源として期待されています。茨城大学と北海道大学の研究チームによると、茨城県沖には石油や天然ガス田があると言われていますし、沖縄県の宮古島でも天然ガス田の試掘が続けられています。日本は世界第6位の排他的経済水域を有する国なんですから、海底資源の開発をもっと進めるべきだと思います。

日本が資源大国になる「日韓共同開発海域」を知っているか

大高　世界最大規模の石油と天然ガスが埋蔵されていると言われる「日韓共同開発海域（第7鉱区）」をご存知ですか。検索していただくとわかりますが、九州の西方向の排他的経済水域に広がる大陸棚で、韓国の済州島《チェジュ》の南側ともぶつかるので、日韓大陸棚共同開発区域となっています。アメリカの研究機関は、「日韓共同開発海域」が属する東シナ海の原油埋蔵量は、アメリカの4・5倍、天然ガス埋蔵量はサウジアラビアの10倍に達すると発表しているのです。中国は、すでに中国から200海里内の第7鉱区近くに掘削施設を建造しています。韓国は、日韓大陸棚協定を1978年に発効し、2028年までの50年間有効としています。発効当時は韓国には単独で海底油田や天然ガスを採掘・開発する資金も技術もなかったため、このような取り決めになったようです。韓国は第7鉱区という名前までつけて、映画化もして、主権を既成事実化しようとまでしています。現在も日韓で駆け引きが続いているのですが、どうやら2028年には日韓大陸棚協定の満了を迎えるようで、自動的に日韓共同中間線ができ、日本が「日韓共同開発海域」の主権的権利を有するらしいんです。「日韓共同開発海域」の資源埋蔵量は、約800兆円にも及ぶとの報告もあり、夢は膨らむばかりですが、もちろん、こんな美味しい話をグローバリストが黙って見過ごすはずがなく、ここに紛争の種を仕込ませているのは間違いありません。

日本がサウジアラビア並みの資源大国になれるとなったら、朝鮮半島の緊張を高めたり、中国による尖閣諸島の領有権を刺激してみたり、東アジアで紛争を起こして、日本の「日韓共同開発海域」と言われる海底資源を奪おうと画策するかもしれません。

石田　ウクライナでもロシアとの戦争の前には、資源や食料などの戦略物資をめぐってアメリカが暗躍した形跡がありますね。世界有数の資産運用会社がウクライナの農地を大規模に所有しているし、バイデン大統領（当時）の次男ハンター・バイデン氏が２０１４年から19年までウクライナの天然ガス会社の役員を務めていて、彼はロシアや中国とのつながりも深く、疑惑のデパートとも言われています。この第７鉱区に次なるハンター・バイデンが現れるのでしょうね。非合法に分捕《ぶんど》ることはできないでしょうから、対立させて、戦争を起こして、共同開発などを持ちかけて、いつの間にか石油メジャーに有利な契約が結ばれ、利権を確保していくのでしょう。

大高　以前、この件に関して、資源エネルギー庁を取材したことがあるのですが、ガードが固くてなかなか答えてくれませんでした。２０２８年までタブーで、水面下で調査しているんだと思います。アメリカの圧力もあるでしょうね。日本がエネルギー自給国になったら、日本の国力が上がる。そうすると都合の悪い国もありますから、さまざまな謀略や陰謀が仕組まれているのでしょう。

石田　トランプ政権になれば、新しい駐日大使が赴任しますが、バイデン政権時代の駐日大使には不信感しかありませんでした。先に大高さんが話されましたが、２０２２年３月にラーム・イスラエル・エマニュエル氏が、駐日アメリカ大使に就任しましたが、「彼の父はイスラエルのエルサレム出身のユダヤ人小児科医であった」とされていますので、二重国籍を有する大使なんですね。

大高　彼の父親は「オデーサ・ギャング」とも呼ばれたイスラエル民兵組織「イルグン」のメンバーで中東和平のために北欧から視察に来た使節団暗殺に関わっていたと言われています。親子ともども筋金入りのシオニストです。彼が赴任する直前の発言が印象的です。エマニュエル駐日アメリカ大使が大使着任のために来日したのが22年1月23日で、同年10月24日に日米で「アラスカＬＮＧサミット」が開催されたんです。

その際大使は、日本がロシアへのエネルギーの依存度を減らし、米国産ＬＮＧを購入することが日本にとって安全保障の観点から好ましい旨を主張したんです。もう一つ、北方領土に対する日本の主権をアメリカは１９５０年代から認めているとも言っています。

一見日本寄りの発言で、いよいよアメリカが味方してくれるのかと思ったんですが、彼はそれ以前からアラスカ州での天然ガス採掘プロジェクトの推進者だったんです。

22年9月には、ヨーロッパとロシアを結ぶ天然ガスパイプラインのノルドストリームが爆破され、アメリカは自国のＬＮＧをドイツに高く売ることに成功してきたわけです。すでに紹介しましたが、在米ジャーナリストのシーモア・ハーシュ氏が綿密な取材をもとに、犯人はバイデン政権と断定していて、ＣＩＡの仕業としています。ロシアのＬＮＧに頼れなくなったドイツは、アメリカに文句も言えませんでした。その背景にはユダヤ系への贖罪意識があると囁かれています。

石田　なおかつ、イスラエルとパレスチナの紛争でも、ドイツは常にイスラエルを支持しています。今後、イスラエルのガザ沖とレバノンに掛かるイスラエル沖にもガス田、海底資源があるので、イスラエルはこれを独占しかねない。ヒズボラとハマス、パレスチナを弱体化させることによって、イスラエルが海底資源をヨーロッパに輸出することをアメリカは早くから算段に入れていたんでしょうね。アメリカとイギリスの石油メジャー、それにイスラエルの思惑が絡んだエネルギー戦略が非常にクリアに見えてきます。

日本やドイツはお金持ちのお得意先で、彼らにとってＡＴＭなので、ロシアから安いＬＮＧを買ったり、勝手に資源開発をされたりしては困るのでしょう。日独は貧乏くじを引かされている状況になっていくわけですね。

大高　国連憲章では、「第二次世界大戦中に連合国の敵国であった国」（枢軸国）に対する措置として、敵国条項が規定されていますが、２０２４年時点で削除改定には至っていません。戦後、連合国が国連を動かし、世界を牛耳ってきたことがわかります。特に、アメリカのダブルスタンダードはひどくて、いまも濃縮ウランに関してはちゃっかりロシアから調達しています。アメリカのご都合主義によって、日本はいつでも梯子《はしご》を外されるわけです。このことを肝に銘じてエネルギー戦略を練るべきです。

日本はG7の一員として、名誉白人の扱いを受けていると錯覚しているかもしれませんが、所詮白人社会から見たら、日本人は黄色人種で、そこに差別意識はあると考えたほうがいいのです。アメリカだって、ウランをロシアから輸入しているように、日本もロシアとの資源外交を回復させるべきでしょうね。

ロシアと敵対関係をつくったのが最大の汚点

石田　日本がアメリカの言うことを素直に聞いているあいだに、中国が中東との関係を強化し、サウジアラビアとイランの国交を回復させたりしました。本来、日本はサウジアラビアともイランとも外交関係が良好なのですから、その役割ができたはずです。イランは人口約8900万人を抱える中東の大国ですが、近年アメリカの経済制裁や新型コロナのパンデミックで経済的には深刻な状況が続いていました。ところが23年には上海協力機構に、24年にはBRICSに加盟し、国際社会と協調していこうという姿勢を示しています。そのため、サウジアラビアとしては、イランに投資することにうまみがあるんです。

中国の習近平国家主席は、両国の思惑をうまくつないで、世界をびっくりさせるような国交正常化を実現したんです。中東における中国の評価は爆上がりですよ。中国は米英と違って、中東に対して内政干渉はしないんです。相手国の政府や権利を尊重するという前提で、ビジネスの話をするので、多くの国が金儲けに興味を持つし、双方に利益がもたらされることを上手に提案するんです。

２０１８年にトルコのサウジアラビア総領事館で、ジャーナリストのジャマル・カショギ氏が殺害されました。彼はサウジアラビアの王族のスキャンダルや批判記事を『ワシントン・ポスト』などに書いていたので、サウード家に殺害されたと噂されていました。

当時のバイデン大統領は、人権問題として国際社会に訴えていました。アメリカは中国に対しても、新疆ウイグル自治区の人権問題を厳しく追及し、ウイグル自治区が関与する製品の輸入を禁止しています。中国もサウジアラビアも、人権問題で国際社会から非難されている部分もあるけれども、お互い利害が一致している部分では交渉を進めるわけです。

中国は人権問題と商売の話は分けて考えるんですが、アメリカは交渉ではなく、圧力を加えて自らの正義を押し通そうとする。そこが中国とアメリカの違いかもしれません。いずれ中国は、イスラエルとパレスチナの仲介にも絡んでくるのではないかと思います。

大高　中国は北極海を横断して大西洋と太平洋を結ぶ「北極海航路」にも興味を示してい

て、氷を割って輸送する砕氷船を建造しているんです。北極海航路の北東航路は、ユーラシア大陸北岸のロシア沿岸を通る航路で、アジアとヨーロッパを最短距離で結ぶルートです。スエズ運河経由に比べ、航行距離を3割～4割短縮できるようです。地球温暖化で北極海の海氷面積が減少しているために、いまでは8月～10月ごろまでは航行可能で、中ロはロシアの資源を運ぶ航路として今後協力を深めていくようです。一帯一路の延長上に「氷上シルクロード」を実現させようとしているんです。

安倍元首相はプーチン大統領との関係を深め、北方領土の解決とエネルギー問題の解決も視野に動いていたのでしょうが、G7の顔色をうかがう岸田政権になってロシアとの関係がぶれてしまった。サハリン2は、三井物産と三菱商事が出資しているのですが、2022年にシェルがロシアによるウクライナ侵攻に抗議する形でサハリン2を含むロシアでの全事業から撤退することを表明。その後、ロシア側がプロジェクトの新会社への権益譲渡を通告してきて、G7＝主要7カ国と歩調を合わせてロシアへの経済制裁を強化している日本に揺さぶりをかけてきたんです。日本政府も仕方なしに、商社2社の権益を維持するため、新会社との契約を従来通りの条件で締結し直したのです。

石田　ロシアは西側諸国の制裁に対しても、LNGなどのエネルギー価格を引き下げて、中国とインドへの資源輸出を増やしてきたんです。中国は中東ともうまく関係を築いているし、ロシアとの関係も良好で、エネルギーの確保については万全です。

サウジアラビアの国有石油会社サウジアラムコが、19年ごろからパキスタンのグワダル港に製油所を建設していて、サウジアラビアによるパキスタンへの最大の投資となっています。そこで石油精製して、パキスタン国内を背骨のようにパイプラインを通して、中国までつながっていくルートです。もしホルムズ海峡が通過できなくても、サウジアラビアの石油が中国に流れてくる仕組みになっています。中国とパキスタンは協力して、道路や港湾、水力発電所などのインフラも整備し、一帯一路構想の一角として「中国・パキスタン経済回廊」と呼んでいます。サウジアラビアとパキスタン、中国の3カ国が契約して、石油の安定確保をすでに進めているわけです。プーチン大統領の提案で、アゼルバイジャンのバクー油田も、ロシア、アゼルバイジャン、イラン、インドをつなぐ「国際南北輸送回廊」という縦のルートの開発計画があります。ロシアとイランとアゼルバイジャンは、もうＯＰＥＣプラスで、世界に冠たる産油国ですよね。

大高　日本の場合は島国だから、どうしても海上輸送に依存せざるを得ない。ウクライナでの戦争がなかったら、海上輸送も関係なく、サハリンからのパイプラインでロシアの石油と天然ガスが入ってきたのかもしれません。

石田　それにしても、ロシアとの敵対関係をつくってしまったのは、岸田政権の最大の汚点だとも思いますよ。ご指摘されたように、北極海航路にしても、最短ルートでヨーロッパと輸出入ができるので期待はされていますが、ロシア北部の海岸は人が住んでないから、寄港地がないんですよね。そういう港湾などのインフラ開発に対して、日本は期待されていたんです。日本が港や工場、燃料補給基地をつくったり、それらをパッケージにしたプラント開発を提供できたりしたはずですよ。でも、日本は自ら蹴ってしまって、当時の岸田政権はアメリカの伝書鳩のように、ウクライナ支援にご満悦でした。

第4章
グローバリズムと世界支配の構図

世界的に保守化の波が訪れる

石田　これからの10年を考えたときに、前半はトランプ政権が4年間続くことになります。次のアメリカ大統領選は2028年です。トランプ政権では、これまで隠蔽されてきたものがいろいろと暴露されるのではないかと期待しています。

今回の大統領選で、日本のマスコミ報道は一様にカマラ・ハリス優勢と報道し、トランプ勝利を驚きの結果と報じていました。しかし、どちらかと言えば、マスコミ自らの希望的観測からそう予測していたんのではないでしょうか。YouTubeのいろいろなチャンネルでは、トランプ勝利の予測もけっこうありました。保守系が政権を取ると、すぐに「右傾化」とか「極右政権」といった言葉が使われるのですが、メディア自体がイデオロギーの呪縛から抜け出していないんですよね。

たしかに、民主党は環境問題やジェンダーを前面に押し出すのですが、アメリカの一般庶民は食品やガソリン価格の高騰などのインフレに苦しんでいるので、生活をなんとかしてほしいわけです。だから、トランプ氏が石油の増産や減税を声高に叫べば、そちらに熱狂したんでしょう。イタリアやドイツ、フランスでも保守系が台頭してきました。保守や保守主義は、これまでの伝統や習慣、思想を維持していこうという考え方で、革新や進歩主義とは対立概念とされています。敷衍《ふえん》して言えば、保守とは「国民を愛し、国民の利益を考え、国を大切にする」というもので、現在の革新は、地球環境や世界平和を唱えるのですが、それはグローバリズムにつながっていくのです。

私は、「グローバリズム」と「グローバル化」を分けて定義すべきだと考えていて、グローバリズムは、自由貿易や市場主義経済を世界中に広げていく考え方で、地球規模でお互いに依存関係を深めていくことです。地球全体を一つの共同体とみなし、世界の一体化を進める思想のようなものです。

一方で、グローバル化とは、単に国境を越えてお金や労働力が移動したり、通信ができたりすることです。私はグローバル化は人々の暮らしを便利にするもので、多くの人に受け入れられると思うのですが、グローバリズムは先進国やグローバル企業にとって、都合よく利用される可能性があると思っています。

大高　エリートほど、グローバリストに操作、洗脳されているような気がします。「環境や人権、平和」を唱えれば、誰も反対できないような論理が展開されます。しかしアメリカの民主党は、正義を振りかざす一方で、戦争を起こしてきました。イスラエルによる中東の戦争だって、イランやアメリカを引きずり込みたいと思ってやっているわけじゃないですか。結果的に、バイデン政権時代に、ウクライナ戦争も中東の戦争も拡大してしまいました。トランプ政権が、この二つの戦争を止められるかどうか、２０２５年はそういう意味では楽しみです。

日本のメディアもグローバリストの論理に思考停止状態ではないでしょうか。よく世界はこう考えている、日本は人権意識においてランキング度が低いといった事例を出しますが、指標のベースになる数字が西欧の価値基準に根差したデータです。それぞれの国や民族には、それぞれの文化や価値観があります。それにもかかわらず、欧米型の一つの価値基準を押し付けるのはいかがなものでしょうか。グローバリストは世界を統一し、自分たちが信じる世界観や価値観で生きれば幸せになります、と言っているようなものです。

一方で、トランプ政権になれば、人によって表現は違いますが、「ディープステート（DS）」とか、ネオコンとか、ワシントンとか、アメリカ政府機関とか、様々な表現をされているものの正体が順次暴かれてゆくと思います。

それまでDS的なるものを大メディアは「陰謀論」というレッテルを貼って思考停止に陥らせてきましたが、トランプ政権になると表面化して、メディアも無視できなくなりますね。

実際、24年の4月18日TBSBS『報道１９３０』では、『〝ディープステート〟は世界各地で…／トランプ氏の公約「闇の政府を解体」とは』という内容の番組を放映しています。

石田　トランプ政権になれば、この「ディープステート（ＤＳ）」と呼ばれるキーワードが、世界で普通に使われはじめると思います。連邦政府内の公務員は４～５万人規模で解雇されるかもしれません。トランプ氏は「闇の政府（ＤＳ）がアメリカを支配している」として、その解体を公約として掲げました。演説の最後には「私は完全にディープステートを抹消する。ディープステートがアメリカを破壊するか、我々がディープステートを破壊するかどちらかだ」とまで言っていました。

まず、真相究明のための委員会を設置し、スパイ行為や検閲、汚職などの機密文書を公開して、政権のスタート１００日で、大統領令を発令し、考え方の違う官僚たちを排除すると言われています。

アメリカでは、ポリティカル・アポイントメント（政治任用制）という大統領が政府の要職に就く人材を指名できる制度があります。専門的な政策能力や政治的な忠誠心などに基づき任免する制度のことです。アメリカでは建国初期に、エリートへの不信感から政治任用制ができたと言われています。政治の力が肥大化し、乗っ取られているという感覚が、闇の政府（ＤＳ）につながっているのかもしれません。一部の家系やグループが、政府の高官や官僚職を占めるようになって、事実上の身分制社会のようになったことが背景にあるのでしょう。

アメリカが闇の政府によって操られているという陰謀論は、建国以来続いています。独立宣言が採択された１７７６年以降は、秘密結社フリーメイソン（世界規模の結社組織）やイルミナティ（１７７６年にドイツで創設された秘密結社）がアメリカを建国し、支配しているという陰謀論が広まりました。１９５０年代には共産主義者が政府やアメリカを乗っ取ろうとしているとするマッカーシズム（共和党議員マッカーシーによる反共産主義社会運動）の嵐が吹き荒れました。

一方で、現在のトランプ氏によるＤＳ批判は、大統領に従うはずの組織や官僚が大統領を引きずり降ろそうとし、影の政府であるＤＳがアメリカ政府を操っているという主張です。私が親しくしているアメリカの歴史学者ジェイソン・モーガン氏は、「ＤＳの正体とは、米中央情報局（ＣＩＡ）、米連邦調査局（ＦＢＩ）、米国防総省（ペンタゴン）、米国家安全保障局、米合衆国内国歳入庁、そして民主・共和両党にいるグローバリストなどのこと」としています。モーガン氏は具体的に組織を特定しているとともに、ＣＩＡ元長官や元国連大使などの実名も公表しているのです。

初代ＦＢＩ長官のジョン・エドガー・フーヴァーをご存知でしょうか。８代の大統領に仕え、政治的な反対者や活動家に対して、スキャンダルなどの情報を集めた秘密ファイルを作成して、陰の権力者として生涯君臨しました。

大統領の弱みを握ったフーヴァーに権力が集中し、大統領の権限も脅かすほどだったと言われています。こうした実在した人物がＤＳを象徴しています。モーガン氏は「ＣＩＡやＦＢＩ、民主党のグローバリストが、あの手この手でトランプ氏を引きずり降ろそうと画策している」と主張しているのです。

アメリカでは民主党、共和党問わず、ロビー団体を通じて政治が操作されます。医療や金融、不動産、製造業など幅広い業界や企業から、ロビー活動が繰り広げられ、日本にも政治的・外交的な圧力が加えられてきました。その一つが、バイデン政権における製薬業界からのワクチン接種です。コロナパンデミックの際、日本はアメリカからワクチンを買わされているのではないかといった疑いの声が上がったほどです。

こうした動きはメディアの表面的な報道だけでは掴めないので、いまはインターネットで専門家の意見や各国のニュースサイトなどを通じて情報を収集しなければいけません。陰謀論だと決めつけずに、入ってきた情報の事実を自分の頭で精査することが必要ですね。

グローバリストに騙されるな

大高　グローバリストがいちばん厄介だと思っているのは、日本かもしれません。戦後、日本が高度経済成長を果たし、香港、台湾、韓国、シンガポール、中国、マレーシア、タイ、インドネシアも経済成長しています。世界史を動かしてきた西欧文明の目指す先には、グローバリズムがあります。しかし、有色人種の国が経済的に自立すれば、西欧文明のルールやコントロールに従う必要もありません。

このことは、1996年にサミュエル・ハンティントンが発表した『文明の衝突』で、指摘されているのです。『文明の衝突』では、「文化が国際政治に重大な役割を果たしているとしたうえで、冷戦後には文化の多極化が進み、伝統的な国民国家は健在だが、人間の行動は従来のような権力や利益だけでなく、文化によっても方向づけられる」としました。

そして、世界の主要な文明を、西欧文明、東方正教会文明、イスラム文明、仏教文明、ヒンドゥー文明、アフリカ文明、ラテンアメリカ文明、中華文明、日本文明に区分したんです。日本文明は、中華文明から独立して成立した文明であり、日本一国のみで成立する孤立文明としました。同様に、エチオピアやハイチ、イスラエルも孤立国として捉えられています。

ハンティントンから見ても、日本は特異な文明として見えたんでしょう。たしかに、有史以来、日本は滅びることもなく、連綿と民度の高さを維持していますし、1万数千年以上続いた縄文時代は、争いのない平和な時代だったことが最近の考古学では明らかになっています。私たちには、グローバリストたちに平和や環境について教示されなくても、自然とともに平和に生きるＤＮＡが刻み込まれているのです。ハンティントンはイスラム文明の台頭についても、「近代化を進めながらも西欧文化を拒否して独自のイスラム文明を再構築しようとしている。近年のイスラム復興運動とはこのような社会状況を背景とする文化的、政治的運動であり、イスラムの原理主義はその要素に過ぎない」としています。

石田　グローバリズムという政治思想に反対を唱えたのは、２０１６年のブレグジットだった思います。イギリスがＥＵから離脱したことは驚きをもって捉えられましたが、イギリスの労働者にとっては自分たちの生活がかかった問題だったのでしょう。

同時期の16年のアメリカ大統領選では、トランプ氏は雇用流出につながるグローバリズム批判を明確にし、そうした不満が根強くあった中西部を中心に支持基盤を築き上げました。24年の大統領選でも不法移民問題を争点の一つにして、予想を覆《くつがえ》し勝利を収めました。

グローバリズムは、利権を持つ企業や一部の富裕層にとっては都合の良いものとなりますが、そうでない人たちにとっては、雇用機会の減少や自分たちのアイデンティティの消失につながってしまいます。自分たちが慣れ親しんだ生活や文化が急速に変わっていくことに対して、焦りや不安を抱くのが、多くの国で見られる保守派台頭の根底にあるような気がします。

大高　グローバリストとは、自己中心的な一部のエリートの特権階級のことで、歴史的には他民族を奴隷化してきた勢力です。第二次世界大戦前の日本をナチスドイツと同一に論じようとする勢力がありますが、末端で戦っていた兵隊たちには、アジア諸国民を白人支配から解放して自立に導くという大義名分があったのです。

第一次世界大戦後のヴェルサイユ講和会議で、人種差別撤廃の概念を初めて世界に打ち出したのは日本です。残念ながらウィルソン大統領の米国などに反対され流れましたが、日本人には人種平等の概念と利他の心でみんなが幸せになるようにという発想が染み込んでいるのです。

グローバリストは、いま日本の精神的な中心にある皇室における伝統文化に対して、皇室解体に向けて意見してきています。国連の女性差別撤廃委員会で、ジェンダー平等の概念を悪用し、「女系天皇に反対するのは男女差別だ」というような審議がなされ、皇室典範改正を勧告してきました。日本の皇室典範では、「皇位は、皇統に属する男系の男子が、これを継承する」と定められており、これが男系と女系を法律上区別している唯一の例です。主権国家である日本に対して、女性差別と関連づけた悪意に満ちた内政干渉は、グローバリストたちの典型的な事例です。

国内のメディアは、女系天皇と女性天皇の違いも正しく伝えていませんが、そもそもこの委員会は弁護士や学者、女性団体代表ら23人の委員が女性差別撤退条約の締約国に対して勧告を行っているに過ぎません。こうした内部事情は抜きにして、勧告内容だけを金科玉条のごとく報道する姿勢はいかがなものかと思います。ローマ教皇に対しては、同様の勧告がなされないのはバチカン市国が締約国ではないからという理由からだけでしょうか。グローバリストたちのロビー活動とそれを報道するメディアは、今後ＹｏｕＴｕｂｅやＳＮＳなどで、報道内容を厳しく検証されてしかるべきです。

「鍋とフライパン革命」を知っているか？

石田　アイスランドもグローバリズムの犠牲になった国の一つなんです。２００８年にアメリカの投資銀行リーマン・ブラザーズの経営破綻がきっかけで、世界的な金融危機と不況が発生したのは、「リーマン・ショック」として知られています。

実は、それまではアイスランドの大手銀行と政治家とＩＭＦ、それからアメリカの機関投資家が結託して、アイスランドの銀行預金、金融資産をほぼすべてサブプライム証券に回していたんですよ。その理由は、アイスランドが銀行預金の金利を高く設定して、海外の富裕層からお金をかき集める金融立国をめざしていたからなんです。

その結果サブプライムローン問題に端を発した世界金融危機で大きなダメージを受けてしまった。通貨クローナの価値は3割下落し、3つの大手銀行は破綻し、国有化されました。リーマン・ショックの直後だったので、「アイスランド・ショック」とも言われたのです。

国民は仕事も失って、失業率も上がり、収入も資産もないという状態から、市民たちがその責任を追及するために、アイスランド各地で勉強会を開いて、原因を分析していきました。そして国際情勢とか政治経済などを話し合う小さな勉強会が集まって、みんなで一つの大きな運動を起こそうとなったのが、「鍋とフライパン革命」なんです。国会議事堂の前に集まって、鍋とフライパンを打ち鳴らして、政治家の退陣要求を続けたのです。ただデモを起こしているだけじゃなくて、彼らが現政権を引きずり下ろした後の新たな政策なども議論していた。政治家やメガバンクの経営者の誰にどんな責任があるのかを追及し、裁判にかけて起訴し、彼らを刑務所にぶち込んだんです。

これがアイスランドの市民の手による「鍋とフライパン革命」なんです。グローバリズム勢力を排除した市民革命だと言われています。アイスランドはもともと人口35万人の小さな国だったので、その後V字回復を遂げるんです。

ＹｏｕＴｕｂｅで「鍋とフライパン革命」と検索すると、そのときに活動したアイスランド国民の声が聞け、その活動の一端が見られます。彼らは、ＩＭＦを敵だと思っていて、グローバリズムという政治思想によって、多くの国民が搾取され続けてきたと考えているのです。

大高　面白いですね。日本でも「鍋とフライパン革命」やりたいですね。グローバリズムは欧米のルールです。世界は多様であるにもかかわらず、自分たちのルールを押し付けていくのです。彼らにとっての「世界平和」は「世界支配」と同義語です。「私たちのルールでやっていれば、平和に暮らせますよ」という意味です。自分たちが世界を支配し、管理すれば、世界は平和になると本気で考えているはずです。

支配・従属関係から日本はいかに脱するか

石田　アメリカもトランプ大統領時代になるのですから、これまでの民主党政権時代とはガラリと変わるわけです。日本もこれまでのアメリカべったりの従米外交では駄目なんです。世界の新しいルールに合わせないと、日本は崩壊してしまいます。シカゴ在住の実業家である山中泉氏が上梓した『アメリカと共に沈む日本』（ビジネス社）という本は、「分断・衰退するアメリカを見れば、日本の絶望的な行く末がわかる」という内容で、帯には「グ

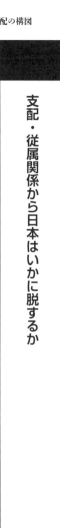

ローバリストに操られる我が国をシン・保守派が蘇らせる！」と謳われています。冒頭には日本とアメリカは同盟関係ではなく、敗戦以来連綿と続く「日本がアメリカに一方的に支配され、従属する関係」で、軍事・経済・政治の全分野ですでに完成されたこの支配・従属関係をこれからどう解消していくかという問題提起がされています。敵対するのではなく、日本の真の独立を現実に掴み取るためにどうするかを考えていくのが、日本のこれからの課題なんだと思います。

大高　2025年以降は、日米は離婚とまではいかなくても、別居するぐらいの覚悟が必要ですよね。戦後ずっとイギリスかイスラエルが正妻なら、日本はお妾さんぐらいだったかもしれませんが、もうそろそろ自立しないといけない時期なのでしょう。これまではアメリカの子会社みたいな感じ——もっときつい言い方をすれば、奴隷みたいなもの。まだ一国覇権主義でアメリカが強かった時代は、付いていてもよかったけれど、もうその力も弱っています。お妾さんも、頼りにしていた旦那さんが、裏で悪辣非道なことを世界に仕掛けていて、敵を弱体化させて、自分に依存させる政策ばかりを取っていたら、そろそろ潮時と思うものでしょう。妾としては、どうやって自立するかという発想に転じなければいけないし、せめてそこに気付かないといけない。

石田　安倍元総理のころは、前のトランプ政権とも本音で語り合い、外交面でもサウジアラビアのムハンマド皇太子やインドのモディ首相、ロシアのプーチン大統領とも良好な関係を築き、全方位外交を展開していました。アメリカの圧力があったにもかかわらず、エネルギー外交もいろいろと考えて動いていました。岸田総理になってからはアメリカべったりで、バイデン政権時代は、「いい子、いい子」と頭を撫でられているような関係でした。石破総理もトランプ氏が次期大統領に決まった直後に、５分間電話で話をして、「フレンドリーな感じ」と言っていましたが、電話で本音は話さないでしょう。

大高　戦後の日米関係はずっとそういう関係で、小泉政権時代の郵政民営化にしても、最近の時価総額１兆円超えで喜んでいる東京メトロの上場にしても、アメリカのグローバル企業の圧力があるわけです。あちらの市場に組み込まれていて、日本の消費者はアメリカの金融機関やＩＴ企業なしには生活ができないようになっています。スマホを使えば、なんでも便利に処理できますけど、日本のデジタル収支は大赤字です。

米中関係にしても、表面的には対立しているのですが、裏ではお互いの経済的なメリットを考えたうえで、取引しているわけです。台湾のＴＳＭＣの熊本工場の誘致にしても、浙江財閥というキーワードでひも解けば、米中の影が見え隠れするはずです。半導体は「産業の米」とも言われ、日本の半導体産業再興の起爆剤とも期待されていますが、日本政府は１兆２０００億円以上補助しています。いったいわれわれの税金で誰が儲けて、どこがメリットを享受しているんでしょうね。

石田　TSMCの熊本工場は半導体の販売先まで決まっているようですが、北海道に建設中のラピダスの最先端半導体工場では、2ナノの線幅の半導体を製品化すると言われています。しかしその活用先はどうなるんでしょうか。政府もラピダスの研究開発に対して、9200億円の支援を約束しているので、日本の半導体産業復活に期待しますが、トランプ政権になって梯子を外されないようにしてほしいですね。

2020年ごろから、コロナ禍でテレワークが増えて、パソコンなどの通信機器の需要が増えました。そのため、中国排除の政策とサプライチェーン強化が叫ばれ、その象徴的な戦略物資として、半導体が注目されました。日本は台湾に比べ、地理的な優位性はあるのでしょうが、ものすごく政治性が高いうえに、今後ますます設備投資や研究開発投資に資金が必要だとなると、その将来性に対して不安はありますね。

大高　1985年8月に日本航空123便の墜落事故がありました。乗員乗客520名の犠牲者を出した日本の航空史上最悪の事故でしたが、裏があるとも言われています。経済アナリストの森永卓郎氏が『書いてはいけない』（三五館シンシャ）の第3章で、「日航123便はなぜ墜落したのか」の真相に迫ろうとしています。

半導体で最初に思い出したのは、この飛行機にTRON（トロン）やパナソニック（松下電器産業）のＰＣ部門の技術者が大勢乗っていたことなんです。トロンは坂村健氏が提唱したコンピュータ・ネットワークで、マイクロソフト以前に日本人が開発したＯＳ（オペレーティング・システム）は、当時すでにマウスを使うことを前提に設計され、いろいろな家電製品にもつなげられると言われていました。この事故のあと、ＩＴはアメリカの独壇場になっていきます。真相は闇の中ですが、何か陰謀めいたことを想像してしまいます。

中国経済の衰退は止まらない

石田　トランプ政権になって、関心事の一つが関税についてですね。トランプ氏は「辞書で最も美しい言葉は関税だ」と述べているように、引き上げは必至ですが、同盟国や友好国であろうとすべての輸入品に関税を課し、対中国に関しては10％を課すとしています。メキシコとカナダには、25％を課すとして、アメリカ国内に工場を移すよう迫っています。

これからの10年を考えると、この米中の対立はますます激しくなると思います。私は、中国の大学の先生と定期的にＺｏｏｍで話をしているのですが、中国の経済が冷え込んでいることを如実に表すのは、若年層の失業率だと言います。清華大学や北京大学といった超一流大学を出た人たちに仕事がないので、デリバリーの仕事で小遣いを稼いでいるような状況らしいです。公式には若年層の失業率は20％程度とされていますが、肌感覚では50％を超えていて、2人に1人以上は仕事がないとか。

大高　保守系の中国ウォッチャーの専門家が、20年以上前から「中国経済は終わる」と言っていましたが、なかなか終わらない。ある専門家は「中国は潰れない。なぜなら、国際社会のマーケットでしかないからだ」と言っていました。市場としての中国がある限り、衰退はしても簡単に潰れはしないということなんでしょう。

たしかに、失業率の問題は深刻だと思いますが、国内問題を外に向けるのは常套手段です。指桑罵槐《しそうばかい》と言って「三十六計」の計略の一つですが、味方に対して直接アプローチするのではなく、外に敵をつくって間接的にコントロールするというものがあります。

台湾や日本の尖閣諸島を全面的に攻撃するのではなく、挑発程度にして国内の危機をあおるのではないかと思います。台湾人の意思は尊重するとしても、国際社会のコンセンサスとして、「一つの中国」というのは受け入れられている。あえて台湾と全面戦争をする必要もないと考えているのではないでしょうか。むしろ朝鮮半島の有事のほうが、危機が早まるのではないかという指摘もありますね。

石田　中国の崩壊を議論するときに、何をもって崩壊とするかだと思うんです。たとえば、国民が餓死するレベルにまで落ちると、私は崩壊のレベルだと考えています。そういう意味では、もうすでに崩壊しているのかもしれません。

ただ、表面的な見え方として、中国共産党が崩壊するとか、中国という国が分裂するとか、そういう意味での崩壊はないでしょうね。でも、国内では仕事はないし、餓死する人もいるし、ゴーストタウンも各地で増えています。散々高層ビルや建物を建ててきましたが、30億人分の空き家があると、元政府高官が暴露しています。

テレビの画面を通じて、北京や上海の高層ビル街の風景を見ていると、とても賑わっているイメージがあります。でも、高層マンションに誰も住んでいない地方都市なんて（中国には）いくらでもあります。

山東半島の付け根のあたりに山東省臨沂《りんぎ》市という都市があります。もともと何もないような農村だったんですが、一帯一路の玄関口と言われ、インフラ建設や産業投資が活発化したんです。もともと山東半島は、交通の要所と言われて、中国の港のコンテナ取扱高上位20港のうち、7つの港が山東半島に集中している物流の要所なんですよ。さらに、北京と上海の二大消費地から直線距離で、ちょうど中間地点にあるのが臨沂市なんです。

次から次へと高層ビルが建って、人口1100万人を抱える消費市場としても注目されていました。私も仕事で行くので、誰が住むんだろうと思っていたら、案の定、誰も住んでいました。

でいないわけですよ。臨沂市だけじゃなくて、中国はあちらこちらにこうした地方都市が数えきれないほどあるんです。

その結果、不動産デベロッパーが破綻したわけです。関連産業の労働人口を考えたら、半端ない人たちがあぶれているでしょうね。中国経済は不動産開発で経済成長をしてきた国でもあるので、その規模を考えたら、国家経済は破綻する方向にあると言っても過言ではないでしょうね。

やっかいな「国防動員法」と「国家情報法」

大高　中国の為政者は、人民が数万人餓死しようが意にも介さないお国柄ですので、経済的に最下層の人たちのことは眼中にないのかもしれません。中国の怖さは、むしろ日本への浸透工作ではないかと思っています。すでに台湾では1万人ぐらいの学生を奨学金などで優遇して、中国大陸への進学を積極的に支援していますが、日本でも観光客だけじゃなく中国人がどんどん帰化しています。在留外国人を国籍別で調べると、中国が約82万人、ベトナム57万人、韓国41万人、フィリピン32万人、ブラジル21万人と、中国はトップです。

文化交流という名目で仲良くなって、浸透工作を行う国家安全部の工作員もいますので、要人は注意したほうがよいですね。

海外からの投資も受け入れたいところですが、日本の農地や水源の買占めには政府も危機感を持ってほしい。実際に、イチゴやシャインマスカットなどは、中国や韓国に種子や苗が流出しているという事例もあります。自衛隊周辺の土地や横田基地などの在日米軍基地の周辺の土地が、中国系のお金が入っている法人などに買われている事例もあります。

さらに上海電力が開発している太陽光発電のための土地は、岩国航空基地の米軍機が有事の際、沖縄や南西諸島に飛ぶ飛行ルートの下だったりするわけです。安全保障上の問題として、よくよく調べないと、有事の際、何が起こるかわからない。私は岩国の上海電力を取材した際、東京の丸ビルにオフィスを構えていることを知り、そこも訪ねましたが、厳重なセキュリティーで会社のあるフロアーまでも近寄れませんでした。どなたかの紹介がないと1階エレベーターのところで門前払いです。皇居を見下ろす丸ビルに中国政府の息がかかった上海電力が居を構えていることに暗澹《あんたん》たる気持ちになりました。

石田　文京区に六義園《りくぎえん》という庭園があるんですが、その近くに豪邸が建っていまして、どうやら北海道のメガソーラー会社の所有のようなんです。代表取締役の方は、日本語名で表記されていますが、実際には中国人みたいです。文京区は教育のレベルが高いようで、富裕層の中国人が狙っているエリアだそうです。区立の中学校なのに、日本語のしゃべれない中国人がクラスに2人〜3人いるとか。ベイエリアにあるタワーマンションにも、中国人は多く住んでいますし、中国の富裕層にとって、東京の物件は安くて子どもを育てるにはよい環境なんでしょうね。

中国には、海外在住の中国人でも有事に軍事動員することを可能にする「国防動員法」がありますし、有事・平時を問わず中国政府の情報工作活動への協力を義務づける「国家情報法」があります。中国籍の方々への差別は絶対あってはいけないことですが、安全保障上の観点で見ると、警戒してしかるべきですね。アメリカやオーストラリアでも、中国の工作員による浸透工作の事件は報道されています。

大高　数年前に取材したんですが、京都に中国人専門の予備校があるんです。そこは、東京大学や京都大学など日本の一流大学をめざすスパルタ教育の学校なんです。アメリカでの浸透工作が最近はやりにくくなっているからか、中国政府は組織的に日本の頭脳部分に人材を送り込んでいるのかもしれません。アカデミック分野への浸透は、専門分野の技術力や情報の海外流出を生みます。彼らが卒業して、簡単に日本国籍を取って、日本企業や研究機関に入ると、難なく機密情報にアクセスできますからね。中国だけでなく、日本はどこの国にとってもスパイ天国でしょうね。

石田　今後10年のスパンで見ると、経済的な成長力が高いのは、中国よりもインドでしょう。ムンバイとデリーには行ったことがあって、キッチン用品の展示会をやった際に、実演販売をやったことがあります。インド人の消費者に、鍋やフライパン、包丁を売ったんですが、聞いてくる質問の論点とか、キッチン用品に対する考え方とか、みんなバラバラなんですよ。次から次へと質問が来るんですけど、彼らの貪欲さは逞《たくま》しさでもあるし、しつこいくらいになぜかと訊いてくるし、好奇心旺盛なんです。しかも、インド人の商魂の逞しさは世界有数だと思います。インドはいろいろな民族が人口14億人という固まりになっていて、地域によっても、文化や言語、習慣が違うんです。

以前、アブダビ投資庁の人が教えてくれたんですが、アジアやアフリカ、中東でも、どこに行ってもインド人はそれ相応の評価があるようです。「インドを制する者は、世界を制する」という言葉があるらしくて、十人十色のインド人やインド市場を攻略する方法を掴んだ人は、世界を攻略できるということだと思います。日本人には、彼らの押しの強さは真似できないでしょうね。

大高　インドは日本との相性がいいですよね。実際にインドを旅すると、土産物屋のしつこさ、可視化される極端な貧富の差、カースト制度、非衛生的なトイレ、辟易《へきえき》することも多々ありますが、それでも何故か憎めない、不思議な魅力を持った国です。

あるインド人から、「何故インドのイギリスからの『独立記念日』が、日本の終戦記念日と同じ8月15日と同じだと思うか?」と聞かれたので、当時、教科書で習った自虐史観に染まっていた私は「日本はアジアに侵略した悪い国だったので、日本の敗戦を祝して8月15日に決めたのでしょう」と答えたら、その人は目を見開いて「君はもう一度勉強しなおしなさい。日本は戦争で負けたけれど、欧米列強の支配を終わらせアジアを独立に導くという当初の目的は達成できた。だからインドはそのことを日本に忘れてほしくなかったので、インドの独立記念日を8月15日に決めたんだ。日本人の先人たちが血と汗を流して勝ち取った偉業を忘れては話にならない」と烈火のごとく怒られたのです。

たとえば新宿の中村屋が匿《かくま》い、中村屋のカレーの生みの親となったのは、インド独立運動家として有名なラース・ビハーリー・ボースです。

東京裁判(極東国際軍事裁判)での(インド出身の)パール判事の「意見書」も有名です。平和に対する罪と人道に対する罪は、戦勝国によってつくられた事後法であり、国際法に反するなどの理由で被告人全員の無罪を主張したんです。インドは中立的な立場をずっと保っている国なので、日本も見習うべきです。今後、対中国戦略を考えれば、インドとの関係強化は日本にとって必須だと思います。

第5章
日本と中東が結びつく時代

なぜ中東のネガティブ情報ばかりなのか

石田　中東の習慣や文化に対して、日本ではあまり関心を持たれていませんし、考え方や生活についてもほとんど知られていません。むしろ、アラブ社会や中東のイスラム教と言えば、テロと紛争のイメージで塗りつぶされているわけです。

しかしながら私のＹｏｕＴｕｂｅチャンネルにご登場いただくパレスチナのシアム大使は、日本人と中東の関係は精神的にも近いと度々述べています。中東の国々の多くが親日であることもあまり知られていません。

私はビジネスも含め30年間ほど中東と関わりを持ってきましたが、ずっと疑問に思ってきたのが、日本で報道される中東やイスラムのニュースや番組が、ネガティブ情報ばかりだということです。現地では日本人というだけで親切にされるし、リスペクト（尊敬）されています。ドバイなどの湾岸諸国では、日本の先を行っている地域もありますし、サウジアラビアでは数十年先の未来を見据えたプロジェクトがスタートしています。なぜ、そういうニュースが日本のメディアを通じて伝えられないのでしょうか。

最近、気付いたのが、中東やアラブ、イスラム教を悪者とするプロパガンダがあるのではないかということです。

中東と日本が結びつくことを快く思わない勢力がいるのでしょうか。日本は中東のことを産油国とだけ思っていればいい、石油さえ買っていれば中東に関心なんて持たなくてもいいと考えている人たちがいるのでしょう。

単に地理的に距離が遠いというだけでは説明がつかないプロパガンダがある気がします。歴史的な結びつきがあったり、文化的・精神的にも共感できることがあったりしても、関心を持たないように仕向けられているのでしょう。日本は有色人種の国だけれど、「G7に入れてあげるから、余計なことをしないで、黙ってお金だけ出せばいいから」と誘導されているかのようです。

ハマスやヒズボラとイスラエルの戦争が激化する中でも、2023年10月7日のハマスのテロを客観的な視点で取り上げる日本のメディアはありませんでした。自著『エゼキエル戦争前夜』(かや書房)では、10月7日の以前と以後の出来事を時系列で追いかけました。

日本は長い間パレスチナへの援助も行い、実情を知っているにもかかわらず、10月7日の出来事だけをもって、イスラエル側のその後の報復攻撃に正義があるかのように政府もメディアも伝えました。現在のガザやウエストバンク（ヨルダン川西岸）の実態を知っているはずなのに、です。

『エゼキエル戦争前夜』で伝えたかったのは、第6次ネタニヤフ内閣が危険な政権であり、この政権を操る極右派のシオニストにより今回の戦争が主導され、操作されているということです。私にはユダヤ人の友人も多く、今回の戦争に反対している人たちが彼らの中にたくさんいることも知っています。ユダヤ人への差別や排除はあってはならないことですが、極右派の表と裏の動きに対しては注意する必要があると考えています。日本の政府もメディアも、そしてわれわれ国民も、彼らのプロパガンダに乗せられて洗脳されないことが大切です。中東のマイナス面ばかりを見て、中東全体への悪いイメージを持たないでほしいのです。

大高　対テロ戦争は、アメリカ同時多発テロが契機となって、テロ攻撃の犯人はアルカーイダであるとされて戦争が起こり、その後ＩＳ（イスラム国）に対する掃討作戦が展開されました。イスラム過激派やイスラム原理主義者による無差別なテロや残虐な殺戮方法が、世界各国のメディアで取り上げられ、「反イスラム」やイスラム教は危ないといったイメージにつながりました。日本にはイスラム教徒が少ないので、普通のイスラム教徒に対してもネガティブなイメージを持ってしまった人も多い。これはユダヤ教徒が少なく、理解が足りない「反ユダヤ」に対するイメージとも同じ構図のような気がします。決して信者や民族に対する差別につながってはいけない。

一部の過激な勢力への圧力と政治的な利用が混同され、中国は対テロに便乗してウイグル弾圧に動きました。イスラエルのモサドも対テロと言えば、何でも許されるとでも思っているのか、レバノンのヒズボラ幹部のポケベルを爆発させました。これをテロとは言わないのでしょうか。

石田　アメリカやイスラエルのダブルスタンダードがひどいにもかかわらず、彼らはアメリカメディアを牛耳っているので「あれは報復攻撃」と報道されるのです。報復攻撃はいったいどこまで許されるのか、どこまで犠牲者を出せば気が済むのか、常にルールは彼らがつくるのです。ガザの次は、レバノンが瓦礫《がれき》の山にされ、ウエストバンクへの弾圧もひどくなっていきます。

大高　ヨルダン川の東側がヨルダンですが、比較的治安も安定しています。ヨルダンの王室と日本の皇室は伝統的に友好関係にあり、日本人へのリスペクトも高い国です。以前、ヨルダンのペトラ遺跡に行ったときに、ガイドさんがトヨタ自動車のことを「ジャパニーズ・キャメル（ラクダ）」と言って笑うんです。トヨタ車のピックアップトラックは、ロケット砲などの武器を積めるほどだと言うんです。彼らの憧れはトヨタで、「ジャパニーズ・キャメルはナンバーワンだ」と教えてくれました。

一方で、アラブ圏全般に言えることですが、アメリカとイスラエルが大嫌いみたいで、「日本はアメリカと3年8カ月もよく戦った」と言われたりします。エジプトの片田舎のおじさんだって、「日本は偉い」とほめてくれます。彼らがイメージする悪しきアメリカと戦い抜いた日本は、サムライの国と認識されているんですよね。真珠湾攻撃をテーマにした日米合作映画の『トラ・トラ・トラ！』はアラブ圏でも人気だったようですし、「神風」という言葉も普及していました。

中東は日本企業を待っている

石田　私がイラクに行ったときは、イラクの当時の大統領は、イラク初のクルド人出身のジャラル・タラバーニー大統領（任期2006年〜14年）でした。最初は「タラバーニー大統領にお会いできるから一緒にイラクに行かないか」とクルド人の友達に誘われて、イラクに行ったのです。

クルド人は、国を持たない民族なので、どこの国でも横のつながりがすごく強く、誘ってくれた私の友人も知り合いの議員が何人もいて、大統領にアポイントが取れるという話でした。ところが結局、直前になって、タラバーニー大統領はバグダッドで急遽会議が入り、お会いすることは適《かな》わなかったのです。しかし、空港到着後のお迎えには大統領の秘書がきてくれて、私たちを10日間案内してくれたんです。

彼らが話してくれたことが、いまでも心に残っています。イラク戦争後に彼らが感じたのは、欧米の軍隊は「ファイト・ソルジャー」（戦闘兵）で、日本の軍隊は「ピース・ソルジャー」（平和の戦士）だったと。彼らは泣きながら力説してくれるんです。

アメリカ兵は銃を持って、街の治安維持をして、場合によっては人を殺していた。一方、日本の軍隊はイラク人のために、水と食料を用意し、医療とライフラインをつなぎ、まさに日本の軍隊はピース・ソルジャーだと教えてくれたんです。

多くのイラク人が、日本人への感謝と尊敬の気持ちを忘れないと言っていました。当時の小泉政権と野党は、国会で非戦闘地域の定義について散々議論していましたが、2003年から09年まで、イラク復興支援活動に派遣された自衛隊員の方々の活躍が、イラクの人々の日本に対する感謝の気持ちとして実を結んで、親日国を増やしていったんです。

大高　海上自衛隊のペルシャ湾派遣も忘れてはいけないですよね。湾岸戦争後の1991年に、海上自衛隊の掃海《そうかい》部隊が、機雷の除去の作業で活躍しました。こちらもメディアでは、あまり報道されませんでしたが。

石田　イラクに行ったときにもう一つエピソードがあって、イラクのバグダッド証券取引所の上場企業10社程度の経営者が、私の話を聞きにスレイマニヤ（イラク北東部の都市）に来ると言うんです。

そのうちの1社がバグダッド・メタルインダストリーズという、車椅子を製造・販売している会社でした。そこの社長が、バグダッドからトラックに車椅子をたくさん積んで、スレイマニヤまで来てくれました。バグダッドからスレイマニヤは、だいたい東京―大阪間くらいの距離があって、しかも高速道路もない。イラク戦争が終わる直前だったので、チェックポイント（検問）が20数カ所あるんです。

私との10分程度のアポイントのために、20時間ぐらいかけて車を運転して来てくれたんです。年配の女性の社長で、彼女も車椅子の利用者でした。「日本の鉄鋼技術や金属の加工技術は世界でもトップクラスなので、日本企業と連携して、もっといい商品をつくりたい」という要望でした。そして、「私たちの会社の車椅子を海外に輸出することを考えているんです」と熱く語りました。

そのために、インターネットで調べて、日本の金属加工会社50社ほどに、「一緒に技術協力して、車椅子をつくりませんか」というメールを送ったけれども、一通も返事が来なかったらしいんです。一緒に中東で事業拡大をしていくことを考えているけれども、なかなか返事が来なくて困っているので助けてほしいという話でした。

おそらく日本の企業側もイラクから怪しいメールが来たと思って無視したんでしょうが、うまくつながればビジネスにもなるし、社会貢献にもなります。中東にはこうした会社がたくさんあるので、ぜひ日本の経営者の方々に中東に関心を持ってもらいたいんですよね。

大高　日本の会社は、中東へのハードルが上がっているというか、トラブルを避けるために社員を行かせない方向にありますね。ジャーナリストもそうで、出版社も私のようなフリーランスを使う。取材は外注なんですよ。一事が万事で、日本企業の多くが、なかなか現場には行かせないというのがあります。

石田　中東でも治安が安定しているところはいっぱいあります。私が行ったのは、イラクでもクルド地区のスレイマニヤとキルクークとエルビルの三つの都市。ショッピングモールもちゃんとあって、読売ジャイアンツやソフトバンクホークスなどのユニホームがプリントされた服が売られているんです。なぜかと聞くと、日本のプロ野球チームを知っているようなんです。日本人がアメリカのロサンジェルス・ドジャースやニューヨーク・ヤンキースを知っていて、Tシャツを着るのと同じような感覚で、イラク人の子供たちは、日本のプロ野球チームのTシャツを着るんですよ。

でも、それを売っているのは、嗅覚の鋭い中国企業なんですよね。中国人は、プロ野球チームのユニホームのデザインを完コピして、ビジネスにしているんです。だから、袖のところにご丁寧にアパマンショップなどの広告まで入っている。すごい完コピです。

彼らの商魂には驚かされるというか、世界中のありとあらゆるところに商売の種を見つけて、動いているわけです。逆に、日本人はそこを見習わないといけないし、イラクは治安が悪いイメージがありますが、中国人はそんなことは関係なしにビジネスチャンスは逃しませんね。

これはイラクに限ったことではなくて、中東全域でもなかなか日本人はビジネス面で参入できていないんです。日本のビジネスと言えば、大手の商社か、石油会社か、プラントですよ。

もっと日本の中小企業が行くべきだと思うんですけれどね。現地の人と直接話しながら、仕事をすればいいのにと思います。多くの中東の人たちは、日本人を大歓迎ですし、日本の企業とビジネスをやりたいと期待しているのです。

日本のアニメとマンガが中東を変える

大高　文化面で言えば、サウジアラビアの人々は日本のマンガにすごく影響を受けていますね。ブカーリ・イサムさんは、サウジアラビアで日本のアニメを見て育ち、日本の大学を卒業して、駐日サウジアラビア大使館で文化・教育担当官として７年間働いたと言います。いまは、サウジアラビアの「マンガプロダクションズ」社のＣＥＯ（最高経営責任者）で、アニメやマンガが戦後日本の発展に貢献したと考えているのです。

イサムさんは集英社や小学館などの大手出版社と契約して、アプリをサウジアラビアでつくり、日本のアニメをアラビア語圏で見られるようにして、大ヒットさせたようです。東映アニメーションと共同で制作した『アサティール　未来の昔ばなし』（２０２０年・監督＝下田正美年）とか、長編アニメ映画『ジャーニー　太古アラビア半島での奇跡と戦いの物語』（２０２１年・監督＝静野孔文）は中東諸国でフィギュアがつくられるほどのブームだそうです。

これからも日本のアニメや文化への憧れは高まるでしょう。アニメやマンガだけでなく、文化やアートは人類共通の言語ですので、これを上手にアラブとの架け橋で使わない手はないなと思います。サウジアラビア第二の都市ジッダでは、日本のチームラボによるＣＧやデジタルコンテンツを駆使したアート作品を集めた「地図のないミュージアム」が評判を集めています。こうした文化面でのビジネスを通じて、日本と中東を結びつけるのは、双方にとってのメリットがありますね。

石田　アニメやマンガは、これから伸びる有望産業なんですよ。なぜなら、世界がいま向かっているのは、ＡＩやメタバースが人間の生活と融合していく社会でしょうから、デジタルのコンテンツ産業は間違いなく成長します。ゲームやメタバースで使うアバターにしても、欧米ではロボットみたいなアバターが使われるんですが、日本人がつくるアバターは綾波レイとかセーラームーンのような、かわいらしくて細かい動作をするんです。優れたコンテンツやキャラクターをつくる日本人のクリエイターの力は、独特のものだと思います。

サウジアラビアは首都リヤドに「キディヤ」というプロジェクトをスタートさせています。「キディヤ・シティ」は遊びやエンタメに特化した街で、世界中のゲーマーやeスポーツの中心地になることをめざしています。

サウジアラビアから世界にコンテンツ産業を発信するというのは、ムハンマド・ビン・サルマーン皇太子が力を入れている分野です。2016年に発表された「リウジビジョン2030」は、サウジアラビアの一大産業である石油への依存度を減らし、新たに多様な産業を育てようとするものです。

ドバイに見習って経済特区をつくり、そこでビジネスを行う人やクリエイターたちを無税にしています。これからは、サウジアラビアに優秀なクリエイターやアニメ、マンガ、ゲームなどのコンテンツ産業が集まっていくと思います。

本来は、日本のコンテンツ産業は世界を牽引しているのですから、日本政府がこうした経済特区をつくって、世界からお金と人材を集めるべきだったんです。日本から世界に対してコンテンツを発信していく一大拠点を、たとえば秋葉原とかにつくってアニメやマンガ、ゲームのクリエイターの集積拠点、情報発信基地にするようなアイデアがほしいですね。

大高　頭の固い霞が関の官僚や、政局に右往左往する永田町の政治家には、そうした世界的な発想は生まれないでしょうね。そろそろ偏差値教育の優劣から脱却すべきです。受験用の記憶テクニックはいまの時代、スマホで解決してしまう。歴史の年表を丸暗記するより、なぜそうなったのか？　勝者が書き換える歴史の真相を洞察するとか、よりクリエイティブなことに脳を使ったほうがユニークな人材が育ち、結果国力につながる気がします。

私はコミックマーケットには行ったことがないのですが、動画でオタクの人たちの熱気や情熱を見たら、圧倒されました。このオタク力を活かさない手はないですよね。フランスやベトナム、フィリピン、世界中どこでも日本のマンガやアニメはオタクたちに影響を与えています。コンテンツ産業は日本の大きな産業の一つになっています。

日本の出版社の人が言っていたのは、アラブ圏では漫画やアニメの絵の規制が厳しくラブシーンや裸も駄目だし、そういうシーンをカットする作業が大変だとか。サウジアラビアのアニメ映画を見たことがあります。勧善懲悪で宗教の縛りがあるからか、日本人の私には少し馴染めなかったのですが……。

石田　今後いろいろなものが解禁されていくでしょうが、その民族や文化が持つ宗教観や倫理観はそれぞれ違うでしょうから、それに合わせていくのは仕方がない面もあります。でも、面白いコンテンツは世界共通だと思いますし、日本のアニメやマンガがこれまで世界中で受け入れられているのは、そのことを証明しています。

サウジアラビアの女性も変わった！

大高　中東湾岸諸国の多くは石油産出国ですから、そこで得られる巨額の利益（レント）を国民に分配することで、支配層が国民の政治参加を制限してきました。こうした「レンティア国家」はサウジアラビアが代表的ですが、サルマーン皇太子はドバイの経済開発モデルを参考に、新しいレンティア国家のあり方を模索しています。

サルマーン皇太子はいろいろな改革を進めていて、２０１８年には女性の自動車の運転が解禁されました。これまではイスラム教の教えに厳格に従い、女性の運転が禁じられている世界で唯一の国でした。私が以前サウジアラビアに行ったときには、スターバックスコーヒーのマーメイドのデザインも禁止されていました。ガイドの人があれは女性の裸で、興奮する男性がいると言うのですが、いくらなんでもそれはないだろうと笑ったことを覚えています。

イランのレストラン。女性が入れるファミリールーム

石田　サルマーン皇太子が活動を活発化させる前にも行ったことがありますが、そのときにはスターバックスのロゴを見かけたと思います。ただ、メンズテーブルとファミリーテーブルの入り口が分かれていて、男女別々の部屋でレジも別でした。法律では緩和されていて義務ではないようですが、いまでもバーガーキングやマクドナルドなどのレストランも、ほぼ男女は別々ですね。

サウジアラビアでは、すでに外国人のアバヤ（アラブ諸国の伝統的民族衣装）着用の義務は撤廃されています。現地の女性はまだアバヤを着ていますが、観光客も女性の体のラインが出ないワンピースなどであれば問題ないようです。女性の自動車の運転も解禁されたのですが、サウジアラビアで少女が自転車を気に入って、それを手に入れようと悪戦苦闘する映画があるんです。

２０１２年製作の『少女は自転車にのって』（日本では２０１３年公開・監督＝ハイファァ・アル＝マンスール）は、涙なしには見られない作品で、サウジアラビアはじめアラブ諸国の女性に対する戒律の厳しさを教えてくれます。女性を守るのがイスラムの教えにあるので、女性に危ないことはさせないのが基本で、これまでは女性がなかなか表に出られないし、自転車にも乗ってはいけなかったんですよ。

主人公の少女は、仲のいい男の子の友だちがたくさんいて、彼らは自転車に乗って遠くまで遊びに出掛けるわけです。でも、彼女の親は厳しくて自転車を買ってもらえない。学校でコーランの音読コンテストがあって、その優勝賞品が自転車だったんです。彼女はコーランの勉強が大嫌いだったんですが、一生懸命勉強して優勝するという素朴なストーリーです。優勝賞品の自転車に乗って、仲のいい男の子と遠くまで遊びに行く。そうすると、見える世界が全然違う。こんな世界があったんだと感動するんです。

イランのシナゴーグ（ユダヤ教の礼拝堂）

サウジアラビアの女性はほんとうに変わりました。24年の4月に久しぶりにサウジアラビアに行ったら街並みも変わっていましたが、女性たちが自由に楽しそうに街中を歩いている。私がユーチューバーだと知ると、女性が集まってきて一緒に写真も撮りました。昔だったら街中で知らない男女が話をしているだけで、警察に捕まっていました。

サウジアラビアの思い出と言えば、だいぶ前ですが、２０１０年のサッカーワールドカップ南アフリカ大会の際、私は遺跡観光で有名なアルウラにいました。そこのホテルで、デンマーク―日本戦を見る機会があったんです。日本戦が始まるからということで、ホテルのオーナーがロビーに大きなスクリーンを出してくれ、そこに宿泊するサウジアラビアの観光客や日本人客総勢40人ほどで日本を応援しました。

彼らは、「アジアの太陽は日本から昇り、アラブに沈む」という言葉を教えてくれました。サウジアラビアの人には、アラブと日本でアジアの発展をつくっていきたいという願望があるんですよ。

大高　サウジアラビアのライバルはイランですよね。両国は、中国の仲介で国交を正常化させましたが、イランはペルシャ時代に文明を築いたことを誇りにしていて、内心では湾岸諸国とは一線を画しているところがある。湾岸諸国に対しては、砂漠の遊牧民が石油で豊かになっていると思っています。

イランも日本のドラマ『おしん』が国民的なブームになったように、親日ですよね。イランと日本は、お互い２０００年以上の歴史を持ち、独自の文化があって、シルクロードを通じて両国の交流もあったと言いますね。

石田　それから、出光興産創業者の出光佐三の話も出てきます。イランと日本の歴史的な関係を示した作品が『海賊とよばれた男』（百田尚樹著・講談社）で、映画化もされています。いわゆる日章丸事件です。１９５３年、イギリスの下にあったイランは、１９４０年代に独立したものの、第二次世界大戦後も石油の流通はアングロ・イラニアン石油会社の管理下に置かれ、イランにはその利益がほとんど分配されない状況でした。

それに怒った当時のイラン政権が石油利権を接収します。イギリスはそれに反発し、中東に軍艦を派遣し、海上封鎖したのです。

そこで出光佐三は貧窮に喘いでいたイラン国民を心配し、また日本経済を発展させるために、当時世界最大のタンカー日章丸を極秘裏にイランに派遣することを決意し、成功させました。イギリス海軍の目をかいくぐり、機雷だらけの海峡をタンカーで渡ってきた日本人の度胸にイラン人は一目も二目も置いています。イランとの信頼が長く続いているのは、出光佐三の功績は大きいと思います。

大高　資源外交に本気で取り組んだのは、田中角栄もそうです。イスラエルとアラブ諸国が衝突した第4次中東戦争で、日本の石油調達に危険信号が灯ったときに、角栄はアラブ諸国寄りの姿勢を取りました。アラブ産油国側でも石油を武器に交渉しようとする気運があり、産油国がイスラエル支援国に対する制裁を打ち出した。その際に、アメリカのキッシンジャー国務長官から日本にイスラエルを支援するように要請がありました。しかし、田中角栄は、「日本は石油の99％を輸入、その80％を中東から輸入している。もし輸入がストップしたら、それをアメリカが肩代わりしてくれますか」と突っぱねて要請を断わったんです。

そのため、その後、76年に発覚したロッキード事件によって、田中角栄は国会で追及され、逮捕されてしまいます。この事件は、アメリカのロッキード社（現ロッキード・マーチン社）が日本に対し、民間航空機トライスターの売り込みを行った際、日本の政財界に巨額の賄賂を渡したとされる事件でした。

アメリカに盾つくと、総理大臣でも潰されるという事例でしょうか。でも、あのとき日本は「反アラブ」とはならず、中東戦争に加担せず、あくまで中立の立場を貫き、その対応に中東諸国は信頼を置いたんです。

日本とトルコの絆を結んだ「エルトゥールル号遭難事件」

石田　田中角栄だけでなく、大国に逆らうのは命がけなんでしょう。日本が明治時代に大国ロシアと戦ったのは、有色人種と白色人種の戦争でもあった。白人が支配する世界で、それに反抗するなんてと、アジアの国々は固唾をのんで見守っていた。中東のトルコもそういう目で日本を見ていたようです。

大高　日露戦争の終盤１９０５年の日本海海戦でバルチック艦隊を打ち破った東郷平八郎は、世界三大提督としても有名です。「東郷ビール」はロシアに虐《いじ》められてきたフィンランドのビール会社が世界の提督シリーズの一つとして発売していたみたいですが、トルコにも東郷ビールがあり、トルコの人に「よくぞロシアをやっつけてくれた」と握手を求められたこともありました。

トルコも親日国で、その背景に「エルトゥールル号遭難事件」があることが知られています。トルコと日本の友好の原点となった事件です。エルトゥールル号の遭難事故は、日本の本州最南端にある和歌山県東牟婁郡《ひがしむろぐん》串本町沖で起こった出来事でした。

日清戦争の前、１８９０年に親善使節を乗せて来日していたエルトゥールル号は、帰国の際に台風に遭遇し岩礁に衝突して沈没したのです。６００人余りの乗組員のうち生存者は69人。このとき、地元住民らは不眠不休で懸命な救出作業にあたりました。彼らは打ち上げられた磯から40ｍほどの急坂を登り、村人３人、４人がかりで一人ひとりのトルコ人を帯で縛って引き上げたようです。村は60世帯しかなかったのに生存者は69名で、手分けして介抱し、近くのお医者さんが駆けつけてきて、無償で治療にあたったようです。

決して豊かではなかった時代に、台風で漁にも出られず、蓄えがわずかだったのにもかかわらず、非常食や衣類を提供し、献身的な介護をしたと伝えられています。当時貴重だった白米を各家から持ち寄り、おにぎりにして提供し、それがなくなるとサツマイモを出し、元気をつけるために年に何度も食べられない鶏の肉まで出したと言います。加えて他の村から人がいっぱいやって来て、犠牲になったトルコ人たちの遺体や遺品回収も手伝ったようです。

このことが日本中に伝えられると、日本人の心意気を示すべきだということで、全国から現在の価値にして1億円もの義援金が集まったと言います。そして、乗組員たちがトルコに帰るときには、明治天皇は「はるばる地球を半周してやってきた、その親善に応えるためにも、生存者たちを母国へ送り届けてやりたい」ということで、「比叡」と「金剛」という2隻の軍艦で本国に送還されることになったのです。

このエルトゥールル号遭難事件をきっかけとして、トルコと日本は交流を深めていくことになります。ところが歴史はそこから二つの大戦を経て、激動の時代を過ぎ去っていき、このエルトゥールル号の美談は、その目まぐるしい歴史の中で、いつの間にか日本人の心から忘れ去られることになってしまいます。

石田　ところが、エルトゥールル号事件はその95年後に、ある奇跡を呼ぶことになるんですよね。イランとイラクが戦争中の１９８５年３月17日に、イラクの指導者であるサダム・フセインが、イランの上空を飛ぶすべての国の航空機を3月19日20時をもって撃墜するという声明を出すんです。だから、イランに住む外国人たちは、大慌てで脱出を始めたのですが、イランにいた日本人２１５人は脱出することができなかった。

日本政府は、救助する飛行機を出してくれと日本航空などに依頼したんですが、日本航空はイラン・イラクの安全保障が確保されない限り、飛ぶことはできないという判断を下すんです。日本航空が駄目なら、自衛隊機を出してくれという話もあったんですが、これも法的に無理だった。

そんな窮地に立たされた状況で、助けてくれたのがトルコなんです。トルコの飛行機は2機やってきたんだけれども、このときまだトルコ人が600人以上取り残されていた。でも、日本人を救うために1機を日本に提供してくれ、取り残された人たちは救出されます。飛行機に乗れなかったトルコ人は陸路で帰国したと言います。

少しでも時間が遅れれば、撃墜される可能性があるなかで、そんな危険を顧みず、この飛行機に乗ってくれたCA（客室乗務員）さんは、「昔、日本人はエルトゥールル号が遭難したとき、命がけで助けてくれました。だから日本人を助ける仕事に携われるのは、自分にとって誇りです」と話した。

救出された日本人たちはエルトゥールル号のことを知らなかったけれど、トルコの人たちの心には強い感謝の気持ちが残っていたんです。トルコでは、このエルトゥールル号事件は、小学校の教科書に載っているらしいのです。日本でも最近は、東京書籍の中学歴史教科書にエルトゥールル号遭難事件として載っていたり、2015年には『海難1890』（日本、トルコ共に2015年公開・監督＝田中光敏）というタイトルで映画化はされています。これは日本でももっと語り継がれて知られるべき出来事ですね。

大高　感動的な話です。トルコ航空のCAさんの中には妊婦さんも乗っていたとか。あのフライトには命の危険があったにもかかわらず、身重の体で飛んでくれたんです。

　私はエルトゥールル号遭難事件の遺品や写真が展示されている串本町のトルコ記念館に行きましたし、トルコの船員を救出した崖を見下ろしましたが、一体あの急な崖をどのようにして大柄な男たちを担いで登ったのか、当時の人々の優しさと強さに鳥肌がたちました。いまでも5年ごとにトルコとの共催で慰霊の大祭をやっていると聞きます。

トルコ語版

日本語版

　実は、エルトゥールル号遭難事件とトルコ航空の日本人への恩返しのエピソードを美健ガイド社が『友情の海碑―甦るエルトゥールル号』（葛城しん、山田康代、谷川知子、いとう今昔、西部ユキ、和田紋子著）という漫画本にしているんです。実によく描かれた感動の漫画で、これを見たトルコ大使館が「これをトルコ語で出したいから版権を譲ってほしい」と相談があり、倉秀人社長は〝日本とトルコの友好の懸け橋になるのなら金はいらない〟と言って譲ったそうです。実に男気がある方で、こういう人が本物の草の根外交大使だと思います。

その結果、トルコでずいぶん多くの子供たちがこの漫画を読み、日本との絆に感動したそうで、しばらくはトルコ航空の機内にも置かれていたそうです。他にも美健ガイド社は非営利目的で大東亜戦争の真実を伝える漫画をたくさん出しています。２０２５年はエルトゥール号遭難事件から１３５年なので、明治時代の日本人の心意気を思い出してほしいですね。

石田　トルコは全人口の約80％が中央アジアの遊牧民であったテュルク系のトルコ人で、ほとんどがイスラム教徒です。テュルク系民族はユーラシア大陸の中央部にも居住しているので、アゼルバイジャンや中国のウイグルまでテュルク系民族です。歴史の時間に習う11世紀の「セルジューク朝」は、ローマ帝国とも戦いました。攻められたキリスト教国にとっては強敵でした。15世紀から16世紀の中東は、オスマン帝国が君臨していました。ヨーロッパともロシアとも戦ったオスマン帝国は、20世紀に滅亡しましたが、トルコ人とイスラム教徒にとっては、誇りであり、栄光の歴史でもあります。

トルコには、ほかに約20％弱のクルド人が住んでいます。彼らはトルコ東部からシリア北部、イラク北部、イラン西部に渡る広範な地域に住んでいる「国を持たない最大の民族」で、人口も４０００万人にのぼるとも言います。

クルド人たちは多くの国から差別や抑圧の対象になっていますが、自分たちを守るために武装化もしています。ウィキペディアでは、クルド人の多くはスンニ派のイスラム教徒で、一部キリスト教徒となっていますが、私がクルド地域に行ったときには、お祈りする光景も見ないし、イスラム教の戒律もそれほど厳しくない印象があります。

お酒を飲んでギャンブルをする、自由な雰囲気で暮らしているイメージです。日本にも２０００人ほどのクルド人が住んでいるようで、埼玉県の川口市では、クルド人が乱闘事件を起こしたりしています。クルド人はトルコでの迫害や弾圧から逃れてやってきた人々ですが、ほとんどが非正規の滞在者なので、ちゃんとした仕事につけなかったりしますし、またトルコ人との争いもあるようです。

私も以前、多摩川の上流に子供と一緒にバーベキューをやりに行ったときに、クルド人の団体と一緒になったことがあります。みんな全身タトゥーで、夜中までお酒を飲んでどんちゃん騒ぎして、そこで1泊していました。ちょうど２０２3年5月のトルコ大統領選挙のときだったので、エルドアン大統領と野党統一候補のクルチダルオール氏の決戦投票でしたが、彼らは反体制派のクルチダルオール氏を支持して騒いでいました。

大高 クルド人の願いは叶わず、エルドアン大統領が再選されたんですよね。川口市のクルド人問題がメディアにクローズアップされてから、危険な移民といった保守系の論調と非正規の外国人の人権も守れという左派系の論調がごっちゃになっていますが、トルコにおける歴史や実情を知ったうえで議論すべきですね。

しかし、エルドアン大統領の外交力は、大したものだと思うんです。NATOのメンバーでありながら、BRICSに加盟申請するとか、イスラエルにもはっきりともの申しますからね。日本の外交もそれぐらいの胆力を見せてほしいもんです。いまは日本が「西と東の架け橋」になれるときです。中東にトルコがあるように、アジアでは日本が架け橋になれるはずなのですが、アメリカへの従属ぶりがひどいんです。

石田 NATOは、トルコを除外できないと思います。NATOでロシアのプーチン大統領と直接話ができるのは、エルドアン大統領しかいないし、プーチンをトランプ政権ともつなげられる。ウクライナとの和平交渉にトルコが絡んでくることも考えられます。日本もウクライナとロシア、パレスチナとイスラエルとも対話ができる国なのだから、もっと全方位の外交に力を入れてほしいですね

第6章
情報戦と歴史戦に備えよ

情報戦、サイバー戦、心理戦が活発化

大高　いまは新聞の力が弱まっていて、週刊誌にネタをリークして、それをテレビが追いかけるという流れですが、一方でネットやソーシャルメディアで個人が自由に発信できたりするので、大手マスコミの報道の検証も可能になってきました。逆にスキャンダルをでっち上げられたり、ちょっとした不倫ネタをそのまま過剰に報道されたりといったことも当たり前になりましたが。

ジャーナリストの仕事も膨大なネット情報やリーク情報を検証して、スキャンダルを報道するかどうかにエネルギーが割かれます。しかしながら旧ジャニーズ事務所のような巨大な権力には見て見ぬふりをしますし、それ以上の巨大な国家レベルの工作活動にとってみれば、日本のジャーナリストは赤子の手をひねるような存在で、駒でしかありません。

正義や平和、環境を言われれば、ジャーナリストは反論する術を知りません。国際情勢や歴史については知識不足ですし、現場も知らないので、いくらでも操作できます。日本ほど、情報戦に弱い国はありません。弱味を握れば、いくらでも機密情報を入手できます

し、メディアは他国のプロパガンダを喜んで流してくれます。

石田　アメリカもロシアや中国と対立しているように見えて、ちゃっかり裏では石油やウランを輸入していますからね。イランやベネズエラからだって、石油が足らなくなったら買うはずです。自分たちがルールだと思っているから、ダブルスタンダードを悪いとは思っていません。国益のための情報戦ですから、相手の情報を収集するし、相手国内を混乱させたり、自国の評判を高めたり、他国の評判を貶《おとし》めたりするのが当たり前なんです。いまはネットが発達しているから、フェイクニュースや偽動画などで世論操作や政治的に混乱させることはお手のものです。

これからは、ますます情報戦、サイバー戦、心理戦が活発化していくはずです。中国がネット上で数千の偽アカウントのネットワークを保有し、政治的な利益を得るようなプロパガンダを流しているのは知られています。ロシアもウクライナ侵略に際し、ウクライナの士気を低下させ、ウクライナを国際社会から孤立させようとしました。ゼレンスキー大統領のフェイク動画を流したことは有名です。

台湾でもファクト・チェックの体制整備やプロパガンダ対策は進んでいるようですが、日本はまだ手つかずの状態です。日本の国会でも、政府保有の重要情報に対してアクセスできる資格者を政府が認定する「セキュリティ・クリアランス」のための「重要経済安保情報保護・活用法」が可決され、2025年の5月ぐらいから運用が始まります。

大高　安全保障分野の重要性はようやく議論され始めましたが、日本外交はいまでもバカ正直で、自国の立場よりも相手の立場を考えてしまう。それが大和魂なのでしょうが、親分に忠誠を尽くしても、裏切られることがあることも忘れないほうがいいですよね。

大国は平気で約束を破りますし、国益のためなら、ダブルスタンダード以上の腹黒さと狡猾さを持っています。中国もロシアも、インドだってそうです。日本人にもそろそろ国際政治というものは、そういうものだと理解してほしい。世界中、国益のためにだまし合いを続けて、相手をこちらの都合のよいように操作することにしのぎを削っているのです。日本だけが大国の言いなりになって、いつも右往左往しているように見えるんです。

石田　第一次世界大戦後のイギリスの三枚舌外交が、中東の混乱を生み出したことは明白です。さらに第一次世界大戦では、戦闘機や戦車などの兵器が台頭し、それを動かすための燃料が必要になりました。石油獲得競争が国家の命運を握るようになり、石油が眠る中東は格好の狩場として大国から狙われるようになりました。

イギリスもアメリカも石油のために、狡猾に動きました。国々を分断させたり、内戦を起こしたり、平気で約束を破ってきました。

戦後中国の情報戦に巻き込まれた日本

大高　第二次世界大戦で日独伊が敗れると、世界は共産主義国家と資本主義国家に分断されます。といっても実際は八百長でしたが……。

戦後の冷戦時代でさえプロパガンダは盛んに行われていました。特に中国は、国家戦略として情報戦を繰り広げてきました。中国には一定のパターンがあって、第一に共産党が同胞を虐殺する、第二にその罪を緩和するため日本に友好なカードを切る、第三に日中友好と同時に国内では反日政策を徹底させるわけです。

最初の虐殺は、１９５０年代から60年代にかけて起こった毛沢東の大躍進政策で、ウィキペディアには「推定で３５００〜５５００万人が死亡」とされ、「飢餓による死者に加えて、何百万人もの人々が殴打、拷問、処刑によって死亡した」と報告されています。60年代後半からの文化大革命での「推定死者数は間接も含めると、約２０００万人に及ぶ」（ウィキペディア）とされました。

その後、72年に日中国交回復がなされ、お祭りムードが演出されるんです。同時に、『朝日新聞』に本多勝一氏の『中国の旅』の連載が始まり、日本のメディアで「南京大虐殺」が初めて登場します。

最初の一報は中国からではなく、日本人から情報発信されました。戦後、毛沢東は一度たりとも南京大虐殺などという言葉を口にしていないし、当時南京にいた蒋介石にいたっては、国民党が外国人向けに300回もの記者会見を開いていましたが、ここでも南京大虐殺について触れていないんです。

それにもかかわらず、情報源の信憑性は検証されないまま、情報戦として北京政府のプロパガンダは垂れ流されたのです。85年には南京大虐殺紀念館が建設され、2007年には被害者の数が3倍に拡張されることになります。実にひどい話ですが、南京事件の真相についてYouTubeで話すとすぐにバンされ、私も2度ほどやられました。いまだ言論統制が行われているのです。

89年の天安門事件は、諸外国からも批判にさらされるものの、世界中に蔓延する反中ムードを緩和するために、西側諸国の代表のように天皇訪中が画策されました。一方で、江沢民の反日政策により中国全土に2百数十カ所もの抗日記念館が建設されるんです。そこでは、日本軍の残虐性を示す偽写真や蝋人形のジオラマなどが展示されました。

近年、欧米メディアはウイグル、南モンゴル、チベット問題を人権問題として報道しています。毛沢東は1949年に中華人民共和国の建国を宣言しますが、2カ月も経たないうちに人民解放軍が「チベットの同胞の解放を開始する」と宣言し、50年にチベットを併合します。チベットを侵略した中国は、約120万人のチベット人を虐殺したとも言われています。

今日でもチベットでは、北京政府に抗議して焼身自殺を遂げるチベット人僧侶が後を絶ちません。北京五輪の前後には、多くの国の要人たちが「北京五輪参加見合わせ」を表明するなど、反中国ムードが高まりました。そこで、2008年5月に来日した胡錦涛国家主席は「天皇の五輪参加」を嘆願し、再び皇室を利用しようとしましたが、幸いなことにこの計画は頓挫したんです。中国政府は、いつの時代も反日と友好カードを巧みに使い分け、共産党失政の隠蔽工作を行い続けています。

石田　私も新疆ウイグル自治区のウルムチに行ったことがあります。大都会でびっくりしましたけどね。高層ビルが多くてマンハッタンかと思うほどでした。街並みは近代化していましたが、ウイグル人の自由はないし、治安も良くはないですね。

聞いた話だと、中国は軍事費と同じ金額を治安維持にもかけているようです。治安維持費の多くが、新疆ウイグルや内モンゴル、チベットに投入されていると言われました。スマホアプリでウイグル人の位置も把握できるし、監視カメラで管理もしています。警察機関などによるエックス線検査も徹底しています。新疆ウイグル自治区の都市・ウルムチでは、昼飯に火鍋を食べようと思って店に入ったら、荷物のエックス線検査がありました。飛行場に置いてあるようなエックス線検査機が、飲食店に置いてあるのです。便利な街ですけれども物騒な感じがして、もう街全体がピリピリしていました。

大高　私もウルムチに行きました。ちょうど冬で煤埃《すすぼこり》が激しく、黒い雪が降る日もありました。駅裏に無法地帯のようなウイグル族の住むエリアがあり、公衆トイレの入り口までゴミの山でとても人が住める環境ではありませんでした。漢民族はこのエリアに近づかず、そこで撮影したかわいい子供たちに写真を送るから住所を教えてほしいと紙とペンを渡すと〝盲流新村〟（「盲流」とは農村から都市へ流入した労働者のこと）とだけ書いた紙をくれました。

ウイグルでは、イスラム教の礼拝所であるモスクが次々と破壊されているようです。いくら高層ビルを建設して繁栄を装っても、ウイグル人の信仰の自由でさえ認められていないのはひどい弾圧です。断食月のラマダン期間中にも店を開店させたり、女性のスカーフ着用を禁止したりとやりたい放題です。しかも若いウイグルの女性を沿海部の工場などに強制移住させ、無理やり漢民族と結婚させてウイグルの血を薄めようとしています。その工場ではトイレの時間まで数分とか決められていて、奴隷のように労働させられているそうですが、外国の企業などの視察がくるときに、美人が選ばれて華やかな民族衣装を着せ

ウイグル盲流新村にいたマルコメ君

て躍らせ〝私たちはこの工場で働けて豊かになって幸せです〟とわざとらしい演技を強要されている写真も観たことがあります。イスラム原理主義者にしたら、許されないことでしょう。

１９３０年代にウイグル族には「東トルキスタン」の独立運動がありました。それを恐れてのことでしょうが、職業技能教育訓練センターと称したウイグル族の強制収容所にはのべ数百万人が収容されているとも言われます。こうした中国の人権侵害や宗教弾圧に対しては、体験者が西側諸国に暴露しています。国際的な人権団体もテュルク系民族に対するジェノサイド（集団殺害）として非難しています。中国共産党の虐殺の歴史は、これからも続くのです。

「脱亜入欧」から「脱欧入亜」へ

石田　日本の外務省には、「チャイナスクール」と呼ばれる親中派の外交官も多いですよね。彼らも中国に洗脳されているのかもしれません。一方で、日本人には、妙な欧米信仰が刷り込まれていて、欧米の一流大学を出た人にはおかしなプライドがあり、その世界観に染まっています。

それにしても、日本の官僚や政治家などのエリートは親米派が圧倒的ですが、あちらの大学に留学して洗脳されているんでしょうか。もちろん、本人は洗脳されているとは露ほども思わないでしょうし、スパイだって映画の世界のフィクションで、自分が工作活動のターゲットとは思わないんでしょうけどね。

大高　戦後、アメリカには「フルブライト・プログラム」という世界各国の相互理解を高める目的で発案された（交換留学）制度があり、これは各国のエリート留学生を洗脳する目的もあったはずです。日本が貧しい時期に、アメリカの奨学金で学んできた人たちはそれなりのステータスを持って帰ってきますし、アメリカのスポークスマンとしても活躍したのでしょう。ハーバード・ビジネス・スクールなどの経営大学院も、日米双方のエリート同士の関係を深めているため、日本からの忖度も働くことになります。

留学していなくても、日本のエリートに共通するのは、自虐史観が刷り込まれているということなんです。戦後、連合国により日本は東京裁判、ドイツはニュルンベルク裁判で、勧善懲悪の価値観を刷り込まれています。

「歴史は勝者によって書かれる」と、イギリスの元首相チャーチルは言いましたが、教科書をはじめ教育の現場では日本の戦前のすべてが否定されました。このままでは、日本は歴史戦においても勝てないし、欧米や隣国に言われるがままなのでしょう。

石田　そもそも西洋人は、自分たちは人間で、未開の地域の人々は奴隷にしても問題ないと考え、奴隷制度に罪悪感など持っていませんでした。

人権感覚が生まれるのは、近代になってからです。16世紀の大航海時代以降、スペインとポルトガル、続いてオランダやイギリス、フランスの西洋諸国は、南北アメリカのみならず、アジアやアフリカに進出し、これらの地域の多くを植民地として支配するようになりました。労働力としてプランテーションで働かせて、奴隷として売買もしました。

ラテンアメリカと呼ばれるメキシコ以南のアメリカ大陸の大半の地域は、19世紀初めにスペインとポルトガルから独立を果たしますが、アジアとアフリカの多くの地域は、20世紀前半の第一次世界大戦と第二次世界大戦の時期まで西洋諸国の植民地として支配されました。アジア、アフリカの多くの国が独立するのは、第二次世界大戦後の１９５０年代から60年代のことです。

いまでも、世界には人種差別の壁があって、世界を仕切るエリート集団に有色人種は入れないわけです。歴然として白人の支配階級がありますし、実態として、彼らこそが人種差別をやっているんですよ。

日本の政府も明治以降に、「後進世界であるアジアを脱し、欧米列強の一員になる」ことを目標に「脱《だつ》亜《あ》入《にゅう》欧《おう》」を唱えてきました。でも、これからの10年を見たときに、開発途上にあるグローバルサウスの国々こそ、成長の可能性があるわけです。いま日本が目指すべきは、「脱欧入亜」じゃないですかね。

大高　中東やアジア、アフリカとも連携を組んで、欧米を含め全方位外交を旨とすべきですよね。いつまでもＧ７主導の世界が続くと思わないほうがいい。Ｇ７どころか、まさに多極化がこれからのキーワードなんでしょう。

歴史戦は繰り返されている

大高　情報戦だけでなく、歴史戦も気を付けなければいけないんです。韓国の前の文在寅政権は中国、北朝鮮寄りで反日が鮮明だったので、慰安婦問題や徴用工問題が蒸し返されました。いまの尹錫悦政権は保守派ですから、日米韓の連携を重視し、歴史問題が落ち着いています。

しかし、２０２４年12月に尹錫悦政権が戒厳令を出すに至った野党の不満は、韓国の日本に対する歴史戦の甘さも指摘されています。もしこの政権が倒れたら、その反動でまたもや反日政権が誕生することが予測されます。

そういった一連の流れに輪をかける流れが、今年アメリカで発売された本に象徴されています。日本を貶《おとし》めようとする勢力が世界中に巣食っているのか、２０２４年の３月に『ジャパンズ・ホロコースト』（ブライアン・マーク・リッグ著・未邦訳）という、とんでもない反日プロパガンダ書籍がアメリカで刊行されたんです。慰安婦問題や南京大虐殺をはじめ、「第二次世界大戦中、天皇の命令で日本軍がアジアの人々３０００万人を虐殺した。日本軍はナチス・ドイツよりも残虐非道な軍隊だった」などと荒唐無稽な珍説が展開されているのです。しかも、著者のリッグ氏は「５カ国の18以上の研究施設で調査を行った」と豪語しています。あまりにひどく、濡れ衣を着せられてもモノ言えぬ英霊の気持ちを想うと、いてもたってもいられず、この本を検証するため、「『ジャパンズ・ホロコースト』解体新書」（ビジネス社）という本を24年8月に出版したところなんです。

石田　いわゆる「ホロコースト」は、ウィキペディアによると「第二次世界大戦中にナチス・ドイツがドイツ国内や占領地でユダヤ人などに対して組織的に行った絶滅政策・大量虐殺を指す」と定義されています。これが世界的な常識ですから、わざわざ「ジャパンズ・ホロコースト」というタイトルにするところが、同列に論じようとする印象操作なんでしょうね。まさにプロパガンダなんでしょうが、著者はどういう方なんですか。

大高　1971年生まれの在米のユダヤ人です。オンライン大学のアメリカン・ミネソタ・ユニバーシティ（ドイツ軍史）、およびサザンメソジスト大学の歴史学者という肩書です。元海兵隊将校でもあり、ダラスにあるホロコースト人権博物館の理事などを務めています。ちなみにリッグ氏の担任だったイェール大学教授のヘンリー・ターナー博士は「リッグ氏は実際には知識人でも歴史家でもなく、学界には向いていないとし、大学院への推薦を拒否した」と話しています。

石田　『ジャパンズ・ホロコースト』のような、明らかなプロパガンダ書籍が発刊された背景は何でしょうか。

大高　一つには、イスラエルとハマス、ヒズボラとの戦争が長期化していて、世界的にイスラエルへの批判が高まっていることが挙げられるでしょうか。南アフリカは、イスラエルがガザで集団虐殺（ジェノサイド）を行っているとして、国際司法裁判所に提訴しました し、ブラジルのシルヴァ大統領やコロンビアのペトロ大統領もイスラエルの行為を「ガザのホロコースト」と呼んでいます。

『ジャパンズ・ホロコースト』を出版した一味は、自分たちの罪を日本に置き換えさせようとしているのか、もしくは国際非難の矛先を日本に変えさせようとしているのかもしれません。

もう一つは、日本の自立を阻んで皇室を解体したいという目的もあると思います。グローバリストの自称ユダヤ人は世界支配をするにあたって、世界で比類なき皇統を抱く日本という国體が邪魔で仕方がない。皮肉なことにこのことはヒトラーも指摘しています。そして日本に核武装を許さず、対米依存にして永遠にCD（キャッシュ・ディスペンサー）に留めおく。そのためにも、日本人が自虐史観に洗脳されたままのほうが都合がいいし、蒸し返せば、お金を取れると踏んだのではないでしょうか。

ちなみに、戦後賠償と戦後補償の違いは、前者を国家間での処理、後者を被害者個人に対してなされる金銭などによる償いとして使い分けられています。戦後賠償は巨額の金を産み出し、ドイツや他の欧州がユダヤ人に支払ってきた金額は天文学的な数字です。そういった賠償産業に絡んでいたユダヤ人弁護士などが、実は慰安婦や南京といった日本の歴史戦にも絡んできたことがわかりました。

また、リッグ氏は著作の中で必死になって原爆投下を正当化していますが、原爆と言えば、数十年前に読んだ本でタイトルも失念しましたが、「ユダヤ人」は自らを「唯一の絶対的被害者として、永遠に固定化する」方針をとっており、そのため原爆ドームの世界遺産化に反対している、という論説を読んだことがあります。ユダヤ人はことあるごとに「人類史上最大の被害者」というカードを使い続けてきた結果、世界にその切り札が通用しなくなってきています。

現に、『ジャパンズ・ホロコースト』が発刊されてから、「戦争中に旧日本軍から慰安婦として性的な暴力を受けたとして、中国人の女性の遺族らが、日本政府に謝罪と損害賠償を求める訴状を中国の裁判所に提出」(24年4月23日)という報道や「日本軍の集団強姦で賠償を　フィリピンの被害女性らが訴え」(24年11月23日)という報道がありました。イタリアでも「ホロコースト」などと説明板に記載された慰安婦像が設置されたりしています。本の出版は、これらの訴えと連動していると思えてなりません。慰安婦問題、徴用工問題は、国家間の条約ですでに解決済みであるにもかかわらず、戦後80年近く経っても蒸し返されているのです。

活動家の多くが「日本もドイツに見習って財団をつくり、韓国人に謝罪し、補償すべきだ」と唱え続けてきましたが、このビジネスモデルの発案者もアメリカ西海岸に住む戦後賠償を得意とするユダヤ人弁護士です。

石田　そもそも第二次世界大戦時の日本とナチス・ドイツを同列に論じるのには無理がありますよね。ドイツでは、国内のユダヤ人が拘束され、強制収容所で強制労働を課されていました。しかしホロコーストの真偽を巡っては様々な疑義や検証があり、欧州ではその検証ですら罪に問われるというのはおかしな気がします。史実であれば堂々と検証をさせたらいい。一方、日本における当時の朝鮮人は、法律的には日本国民です。日本は朝鮮や台湾に国立大学も設立し、インフラも整えています。賃金が払われているので強制労働もありませんし、虐殺なんてどこにもありませんでした。

大高　そうですね。安倍元首相が「戦後レジームからの脱却」を唱えた時、欧米から〝歴史修正主義者〟とすさまじい批判が起こりました。なぜかといえば、「戦後レジームからの脱却＝東京裁判の見直し＝ナチス・ドイツを裁いたニュルンベルグ裁判の見直し」につながるわけです。

　イスラエル建国の遠因となったニュルンベルグ裁判の検証まで行くことは、なんとしてでも阻止したいのでしょうね。だから日本人が大東亜戦争の真実に目覚めないよう、『ジャパンズ・ホロコースト』で楔《くさび》を打ったつもりなんでしょうけれど、逆効果になってしまったと思います。

『朝日新聞』が記事を撤回しても時すでに遅し

大高　最近は、『ジャパンズ・ホロコースト』のみならず、歴史戦の一環なのか、反日的な言論が次々起こっています。日本大学准教授のトーマス・ロックリー氏が、２０１７年に『信長と弥助　本能寺を生き延びた黒人侍』（太田出版）を出版しています。本書には、戦国時代の日本で「地元の名士のあいだでは、権威の象徴としてアフリカ人奴隷を使うという流行が始まったようだ」などとの記述がありました。つまり、信長に仕えていた黒人武士、弥助は奴隷だったと言いたいわけです。

石田　日本に来たイエズス会宣教師たちが、奴隷として連れてきたのでしょう。逆に信長は弥助をかわいがり、側に仕えさせたんですよね。信長は彼に名前を与え、側近にしたほどですから。

大高　ロックリー氏は実に悪質で、ウィキペディアにある「弥助」の項もすべて書き換え、さらにブリタニカ百科事典まで改竄《かいざん》しました。確信犯的に日本を貶めることをしています。実際にロックリー氏の影響を受けてか、ＢＢＣは「アフリカ出身の侍がいた」、ＣＮＮは「弥助が残した不朽の遺産」などと弥助を取り上げており、ロックリー氏自身も海外メディアの記事に登場するようになっています。彼の言説が世界中で拡散されたら、日本に対する誤解はますます高まるばかりです。

こうした歴史の改竄は以前もありました。１９９７年にアイリス・チャンが『ザ・レイプ・オブ・南京』を刊行し、批判に晒されました。アイリス・チャンは「バターン死の行進」についても書こうとしていましたが、その途中で拳銃自殺を遂げたと伝えられました。ちなみに、在米華僑団体「世界抗日戦争史実維護連合会（抗日連合会）」の副代表が、イグナシアス・ディンであり、彼こそアイリス・チャンの中国での取材をお膳立てした『レイプ・オブ・南京』の立役者です。

ディンは抗日連合会の創設者で、台湾出身であり、国民党の血筋を引いています。1978年に渡米し、91年に、毎年1回ニューヨークで南京大虐殺の追悼集会を25年間にわたって主催している団体と出会い、反日的な組織を立ち上げました。私は過去2回、アメリカで彼に取材したことがあります。サンフランシスコのソノマ大学構内には、アウシュビッツの路線を模したホロコースト記念碑があります。その線路の間に、抗日連合会は「日本軍によって25万人もの朝鮮女性が性奴隷にされた」と刻まれた石板を埋め込み、あたかも「ホロコースト」に日本が加担したかのような式典をやってのけています。在米華僑、在米韓国人の反日運動も注視する必要があります。

石田　日本でも1977年に、吉田清治が『朝鮮人慰安婦と日本人：元下関労報動員部長の手記』（新人物往来社）という本で、「強制連行して慰安婦にした」と嘘を書いて、後にそれが問題になりました。しかしながら、『朝日新聞』は大阪版で吉田清治の証言を取り上げ、その後慰安婦問題は日韓の係争問題にまで発展しました。侃々諤々《かんかんがくがく》の議論が何年にもわたって繰り広げられましたが、最終的に『朝日新聞』は2014年8月5日に吉田清治の証言を虚偽と認定し、記事を撤回しました。でも、時すでに遅しで、慰安婦問題は世界に広く伝えられ、日本軍が強制連行して慰安婦にしたというイメージは世界に定着したと思います。

大高　歴史戦の怖さを実感します。一度定着したものを訂正しようとすると、歴史修正主義者というレッテルを貼られます。ハーバード大学ロースクールのマーク・ラムザイヤー教授は、詳細な調査をしたことで知られ、彼の論文は、「慰安婦とされた女性たちが、日本の公娼制度を基礎とした高額な賃金支払いを前提とする民間での任意の期限付き商業契約だった」ことを立証しています。従って、日本の政府や軍が組織的に連行や強制をした事実はなかったということです。韓国の国史教科書研究所所長の金柄憲氏も『赤い水曜日慰安婦運動30年の嘘』（金光英実翻訳・文藝春秋）で、慰安婦問題は国際詐欺劇だと明確に指摘しています。

先ほど紹介した『ジャパンズ・ホロコースト』というプロパガンダ書籍も、そのままにしておくと、学術論文に引用される可能性もあり、事実と違うことが世界に喧伝されてしまうかもしれません。リッグ氏は、慰安婦問題を小児性愛者のエプスタインや猟奇殺人犯と同列に論じていますので実にお粗末です。

「日本軍は小児性愛者でジェフリー・エプスタインと同じだ」などと、未成年売春斡旋業者と同格に論じる記述も散見されて、吉田清治並みの戦争犯罪妄想が満載の内容なんです。彼が引用している本や著者を調査することで、戦後も続く壮大な反日プロパガンダの実態が浮かび上がると思います。

そもそもリッグ氏は、慰安婦の意味を理解できていません。なぜ日本軍が公娼を利用したのかと言えば、現地での強姦を未然に防ぐためで、当時は日本兵の強姦が発覚しようものなら、ただちに軍法会議にかけられて厳しい刑罰を受けることになっていたんです。

強姦と言えば、ベトナム戦争時に韓国軍によって横行し、その後ライダイハンと呼ばれる混血児がたくさん生まれました。沖縄ではアメラジアンと呼ばれる米兵との混血児もたくさん産まれました。もし、日本軍が韓国軍や米軍のように、アジアで強姦を続けていたら、日本軍との混血児もたくさん生まれていたはずです。そもそも慰安所も必要なかったわけです。そこに気づかないことに、逆に驚いてしまいます。

物質文明偏重から精神文明への見直しへ

石田　日本人って実は、中東だけじゃなくてアジアの国々でもリスペクトされていますよね。先ほども指摘しましたが、インドやインドネシアでは、第二次世界大戦後にアジアは解放されたと思われていますし、それまではヨーロッパ列強によって労働力としてこき使われていたことを学校の歴史で教えています。しかしながら、中国と韓国は典型的な反日です。

大高　中国と北朝鮮の工作は明確ですが、アメリカにとっても都合がいいんでしょうね。韓国にはアメリカの傀儡である李承晩を（初代）大統領にして竹島を不法占拠させました。中国共産党だってアメリカがつくったと言っても過言ではありません。東アジアの仲を悪くさせることが国益に適うからなんでしょう。分断工作は外交において有効な手段です。いつでも分断の火種を仕込んでおいて、戦争を起こしたいときに発火させる。世界中の国々は兵器を高く買ってくれるお得意先ですから。

日本外交はこうした分断工作はできないし、国民も望んでいません。日本独自の役割があるのかもしれません。政治・歴史学研究家の観世英雄さんの『秘伝書武（ｓａｍｕｒａｉ）：潜在意識の達人たち』（笹川平和財団中東イスラム基金）というサウジアラビア大使との共著の本があり、日本の侍の精神性とイスラムに呼応する精神性、ともに肉体を超越した魂の概念にフォーカスを当てています。大局的な歴史観で言えば、人類は経済優先の物質文明の限界に突き当たっているので、精神文明を重視した社会に移行していくでしょうから、その観点からも日本が果たす役割は大きいはずです。

石田　まさにパレスチナのワリード大使は、同様のことをおっしゃっていました。イスラム教の教えの原点には、日本人の思想の原点と共通するものがあると。イスラム教にも困っている人を助けなさいとか、恵まれない人には施しを与えなさいとかの教えがあります。日本の宗教観と似ています。自分よりも他者を敬うとか、年配の人を敬うとか、多くの宗教には同じような教えがあります。そういう意味では、これからの時代は、物質文明偏重から精神文明の見直しが求められていくのかもしれません。

大高　キリスト教は、生まれながらに原罪を背負わされ、父なる神と子なるキリストと聖霊の三位は一体であると教えていて、神と人の関係を契約や約束として捉えていますね。人類の歴史は、神との契約で始まり、契約の成就で終わると考えられています。

人と人の関係については「汝の隣人を愛せよ」との教えはありますが、東洋の宗教に比べ、神様に認められ許される個人の自立をめざしているように思います。かたや日本は汎《はん》神論《しんろん》的自然観です。森羅万象すべての草木や石の中にも神性を見出すので、隣人にも私の中にも神が宿っている。故に異なる価値観も認め、和の概念で丸くおさめようとする慈悲の心を忘れない。こういった優しさと同時に、死をも超越する武士道精神から特攻や大和魂も育《はぐく》まれた日本という国の精神を、西洋人が理解するのはなかなかハードルが高いのではないでしょうか。
根本のところで、東洋と西洋の精神性は大きく異なる気がします。実際にアメリカの大学に留学していた友人が、「学生寮の部屋に中国、韓国、ベトナム、タイ、台湾などアジアの学生たちが集まったとき、日本人がその輪に加わるとなぜかその場が妙に和む」と言っていましたね。

石田　日本は歴史的に宗教には寛容で、神道も仏教も儒教も日本人の精神性に影響しています。「礼」は社会生活で人間関係や秩序を維持するために必要な倫理観ですが、それに関わる面白いエピソードがあるんです。
1945年8月に広島と長崎に原爆を落とされて、その後、戦争が終わって、米軍兵がジープに乗って町を走っているときに、広島の子供たちにガムを投げたそうなんです。子供たちはそのガムに群がって、もらったガムを持って家に帰るわけです。家に帰ったらお母さんに、「アメリカ軍がガムを投げてたから、もらってきた」と報告しますよね。そうしたら、お母さんが「あなた、ちゃんと『ありがとう』って言ったの?」と訊くんです。「お礼を言うの忘れた」と子供が答えたら、お母さんが「ちゃんとお礼を言わなきゃ駄目よ」と言って、その子供を連れて、次の日に米軍のところに行って「ありがとうございました」と言って頭を下げたそうなんです。それで、米軍兵は日本人の精神性に驚いたらしいんです。

原爆を落とした相手に対して、「ガムをくれたから、ありがとう」と言える寛容さにびっくりしたんでしょうね。

大高　「礼儀を尽くす」ということですよね。剣道や柔道などの武道は、「礼に始まり、礼に終わる」と礼儀を大切にしますし、子供たちにそのことを教えます。武道は「武士道」にも通じていて、１８９９年新渡戸稲造の『武士道』がアメリカで出版され、日露戦争で日本が勝利したことで世界的にブームとなりました。「サムライにとって、卑怯な行動や不正な行動ほど恥ずべきものはない」といった道徳や精神性を紹介したんです。

武士道こそ日本人の強さであり、逆にそれは外国人から見たら、恐ろしさでもあると思うんです。そのためＧＨＱ（連合国軍最高司令官総司令部）は原爆のあだ討ちを恐れて、武道を禁止して、学校教育から排除したのでしょう。『忠臣蔵』の劇まで禁止したと言いますから、ある意味日本を研究し尽くしたんでしょうね。

石田　グローバル企業の考え方は、東洋の精神性とは真逆じゃないですか。商品を売り利潤を最大化することがいちばんの目的で、困っている人や貧しい人の生活を少しでも助けてあげようといった考えはその次なんです。

まずは消費者のためになるものを提供し、その代わりに利益を得るという順番で、役に立つことが１番めの目的であるべきです。

2022年に公開された『RRR』(監督=S・S・ラージャマウリ)というインド映画がありました。主人公2人の「友情か、使命か」を描いたアクション・エンターテインメントなんです。1920年代のイギリス領インド帝国に戦いを挑む姿を描いています。インドでも日本でも大ヒットしました。インドの人たちの長年の鬱憤を晴らす傑作だったからです。

歴史的にインドはイギリスから植民地にされ、そのトラウマがなかなか抜けきれないと思うんです。それぐらい支配が苛烈を極めて、奴隷を通り越して、人間としての扱いを受けてこなかった。日本が日露戦争で白人国家に勝利したことで、インドにも光が差したんです。初代インド首相のネルーは、「アジアの一国である日本の勝利は、アジアすべての国々に大きな影響を与えた。私は少年時代(17歳の時)にどんなにそれに感激したか」と、子供に伝えたと言われています。

2025年からの10年間は、アジアやアフリカの植民地時代のトラウマが昇華されるような精神文化が生まれ、西洋へのあだ討ちではなく、グローバルサウスの国々が成長して豊かになってほしいですね。とモノの面でも、心の面でも、日本にはそのお手伝いができるだけの力があると思うのです。

第7章
トランプ大統領で変わる世界と日本

トランプ政権で暴かれる三つの事件とは?

大高　２０２５年１月20日から、トランプ政権がスタートします。心配なのは暗殺なんですよね。これまでアメリカ大統領の暗殺や暗殺未遂は数多く発生していまして、第16代のエイブラハム・リンカーンや第35代のジョン・Ｆ・ケネディを含む４名が暗殺で殺害されています。第26代のセオドア・ルーズベルトや第40代のロナルド・レーガンなどの暗殺未遂も知られていますし、トランプ氏もすでに２回暗殺未遂が報道されています。就任してからだって油断大敵ですよ。

石田　今後、何が起こるかわからないというのは、確かにあると思います。トランプ氏はこれまでの膿《うみ》を全部暴くと言っているので、それによって困る勢力はあって、当然命を狙ってくるのでしょう。特に、次の三つの事件に関して真相を明らかにすると言っています。それが２００１年の９・11同時多発テロ事件と１９６３年のジョン・Ｆ・ケネディ暗殺事件、それからエプスタイン事件です。

日本であまり知られていないエプスタイン事件は、アメリカの大富豪のジェフリー・エプスタインが、自身が所有するエプスタイン島で少女たちに性的行為をさせたという性的人身取引で起訴された事件です。エプスタインが２０１９年に拘置所内で自殺しているので真相にどこまで迫れるかわかりませんが、少女たちへの性的暴行などを暴露したドキュメンタリー番組『ジェフリー・エプスタイン：権力と背徳の億万長者』がネットフリックスで公開されています。この事件に関しては、英王室のアンドリュー王子やビル・クリントン元大統領などの名前も取り沙汰されています。ジャニー喜多川の性加害問題でも頰かむりだった日本のメディアは、エプスタイン事件でも陰謀論というレッテルを貼って、たぶんスルーするでしょうが、すでにエビデンス（証拠）が出ていて裁判で争われている事件です。

大高　この三つの事件には、共通項がありますよね。近年ではほぼＣＩＡやＦＢＩなどが知っていたと言われています。９・11は、後に報復攻撃を行い、その後大量破壊兵器疑惑をでっち上げイラク戦争にまで発展し、サダム・フセインを絞首刑にします。当時からアメリカとイスラエルは、イラクの石油が目的だったとの説もあります。

ケネディ暗殺事件はこれまでいろいろな説が出て、ＣＩＡ関与は有力な説の一つです。

エプスタイン事件は、イスラエルの諜報機関モサドのハニートラップ機関の仕業だと欧米の独立系メディアでは報道されています。真相究明委員会にしてもユダヤ系が関わっていると言われ、真相は藪の中という結末かもしれません。

この事件の真相を暴露されたら困る連中がいるわけですよ。アメリカやイスラエルの支配の概念は、金儲けのためだけじゃなく、他国を分断させて戦争を起こし、領土を奪い、石油利権を自分たちのものにしようと画策してきたわけでしょう。

石田　この三つの事件で隠蔽されていた情報が公開されれば、天地がひっくり返るぐらいのインパクトを世界に与えると思いますよ。「トランプ2・0」は、閣僚人事にビックリの人選をしていてアメリカメディアを騒がせています。暴露しようとする側とされると困る側での工作や駆け引きが、過熱化するでしょうね。

これからは、真偽のほどがわからない情報がネットやソーシャルメディアだけではなく、オールドメディアにも溢れかえる時代になると思います。個人にファクトチェックを含めた、メディア・リテラシー（批判的に分析し評価すること）が求められていくと思います。

大高　ＦＢＩの元捜査官が、Ｘ（旧ツイッター）で内部告発しているインタビュー映像があるんです。１９７９年にＦＢＩを退職した勤続27年のベテランで、退職時にはロサンゼルス支部の上級特別捜査官として、700人以上の部下と2250万ドルの予算を率いていたと語っています。これも真偽のほどはわかりませんが、彼は、「9・11同時多発テロは、アメリカ政府の関与があって、最高レベルの権力者たちによって仕組まれたものである」と言っています。飛行機が二つのビルを破壊したのではなく、事前に仕組まれた爆発物によって意図的に爆破されたとか。FBIは9・11同時多発テロを事前に知っていながら、これを防ぐために何もしなかったことは、文書化された証拠によって確認されるとも言っています。

63年11月22日、テキサス州ダラス市内をパレード中に銃撃され、死亡したジョン・F・ケネディ暗殺事件も、弟の上院議員であったロバート・ケネディが、出馬していた大統領選挙キャンペーン期間中の68年6月5日夜に、カリフォルニア州ロサンゼルスで銃撃され、死亡した事件も、大規模な隠蔽工作が行われたと語っています。トランプ氏が言うディープ・ステイト（DS）のことを指すのでしょうが、軍やCIA、FBIが暗躍しているのかもしれませんね。

石田　9・11の内部告発は本当っぽいですよね。真偽のほどは定かではありませんが、世界貿易センタービルに飛行機が突っ込んだ映像は、CGで加工されていると聞いたことがあります。尾翼の部分が途中で消えているらしく、動画を解析していくと画像加工のミスがあるとかで、実物の映像じゃないという説があるんです。被害者の中にも、飛行機がビルに突っ込むのは見なかったという証言も多数あるらしいんです。

では、どうやって二つのビルを爆破したかと言えば、ビルの四隅の上から下まで爆発物を仕掛けた。先ほどのＦＢＩ元捜査官の話とも一致する点があります。われわれは偽画像に騙されているのかもしれませんね。１９９９年にロシアで高層アパート連続爆破事件があり、死亡者は約３００人にのぼりました。チェチェン独立派による犯行と見なされ、国民の怒りを背景にロシア軍はチェチェンに侵攻しました。でも、のちに暴露されたのは、プーチン大統領の指示でロシア政府が自作自演で爆破していたというものです。権力者は、民衆を操作し、世界を欺《あざむ》くためには何だってやるということです。

児童人身売買を陰謀論で片付けるな

大高　ＦＢＩ元捜査官は、エプスタイン事件のような政治家などの権力者やエリート層による児童性売買には、巨大な隠蔽工作があったとも言っていて、子供たちは悪魔の儀式とか人身御供とか、性奴隷として使われていると、信じがたいことを暴露しています。

１９９７年の捜査で、彼はある航空会社の従業員から、２１０人の子供たちがデンバーからニューヨーク、そしてパリへ飛んでいるという情報を得たそうです。航空会社の従業員が子供たちと一緒にいた成人女性と男性２人に、「この子供たちは誰ですか」と尋ねると、女性は「児童保護サービスです」と言って姿を消したとか。

これらの子供たちは、オークションにかけられ、１人最高５万ドルで売られていたようです。このことはアメリカ税関に報告され、記録に残ってはいるが、何も対処されずに、すべてが隠蔽されているようなんです。

「子供たちは売り物ではない」というキャッチコピーがついた『サウンド・オブ・フリーダム』（監督＝アレハンドロ・モンテベルデ）という映画が、２０２３年に公開されました。実際にあった性的な児童人身売買をテーマにしていて、世界に衝撃を与えました。私も観たんですが、日本では話題になりませんでした。でも、全米では口コミで爆発的に広がって、２０２３年の興収ランキングトップ10圏内に入ったほどヒットしたようです。

ビックリしたのは、「現在奴隷として囲われている人の数は、奴隷制度が合法だった時代も含めて史上最多」らしく、「そのうち数百万人が、まだ年端もいかない子供たち」というメッセージでした。映画は中南米が舞台でしたが、アメリカでも1980年代末から「ミッシング・チルドレン」の事件は社会問題になっていますし、日本でも年間1000人以上の子供たちが行方不明になっているんです。

石田　メディアはすぐに陰謀論という言葉を使ってスルーさせますが、これらの数字は、ファクトですよね。日本人は日本は治安がいいと思っていて、子供が1人で小学校に行ったりしますが、世界的にはこちらのほうがレアですよ。この児童人身売買の問題は、世界的な動きとして取り組むべき問題ですね。

大高　調べもせずに、陰謀論という言葉で片付けるのはやめたほうがいいし、トランプ政権は本気で、闇の部分を暴露しようとすると思うんです。そういう情報や資料をちゃんと検証していくことで、これまでの工作や謀略が明るみになっていくし、次の時代をつくっていくんです。個人レベルでも、すぐ陰謀論と言って、思考停止にならないようにしないといけない。

石田　それこそ隠蔽しようとする人たちの思うつぼですよ。安倍元総理の暗殺にしても、山上徹也被告の単独犯ではなく、裏があると考えているジャーナリストもいますし、これまでの政治家の死亡に関しても不信を持っている人も多いんです。日航123便の墜落の真相にしても、何か表に出せない不都合な真実があるのでしょう。

大高　これも陰謀論と言われるかもしれませんが、エプスタインの自殺も口封じのために殺害されたという説もあります。いま、第二のエプスタインと言われているのが、大物ラッパーで音楽プロデューサーのディディの事件です。2024年9月にニューヨークで逮捕され、性的人身売買や恐喝などの罪で起訴されています。未成年者25名を含む120人の犠牲者からの訴えで告訴されたようです。エンターテインメント業界では激震が走っているようで、彼と関わっていたセレブたちは生きた心地はしないでしょうね。

石田　これまでは、セレブやエリートたちが好き勝手なことをやっても権力やお金を使えば、敏腕弁護士がついてあまり罪に問われませんでした。でも、トランプ政権になれば、いろいろな隠蔽が明るみに出そうで、その点には期待しますね。

トランプ政権は自国完結型の国をめざしている

大高　隠蔽されていると言えば、イラク戦争もそうです。アメリカがイラク攻撃を声高に叫んだのは、イラクが大量破壊兵器を隠し持っているという理由でした。国連安保理でロシアや中国は反対したのですが、アメリカ政府内のネオコンが強行したのです。

当時のブッシュ大統領（息子のほう）側近のチェイニー副大統領は、油田掘削を行うハリバートン社の元会長ですし、ラムズフェルド国防長官はガルフストリーム・エアロスペースという軍用機メーカーと結びついていました。パウエル国務長官も軍需産業大手のゼネラル・ダイナミクス社の株主でした。ライス国家安全保障大統領補佐官は、石油企業シェブロン社の重役でした。つまり、石油を奪うために米軍を動かすことは、国益とともに彼らの利益とも直結していたんですよ。

石田　9・11同時多発テロは、やはり反米のサダム・フセインを消して、親米政権をつくり石油利権を奪うために仕組まれたのでしょう。イラク戦争につなげる一つの事件が必要だったのではないでしょうか。イラク戦争は、当時のアメリカ政府と石油会社が共同で立てた計画というのがすでに判明していますし、イラクを「悪の枢軸」にして中東で戦争を起こしたかったのでしょう。

大高　チグリス・ユーフラテス川が流れるイラクを攻める理由には、イスラエルの極右派が持つ「グレーターイスラエル構想」も関係していると思います。1920年代以降に立案された日本との戦争をシミュレーションしたとされる「オレンジ計画」(日本との戦争を想定したアメリカ海軍の戦争計画。交戦可能性のある当時の5大国を色分けし計画されたカラーコード戦争計画の一つ)は有名ですが、同様の計画がイラクとの戦争に関してもあったと言われています。

トランプ政権の閣僚人事で注目されているのが、商務長官に指名されたハワード・ラトニック氏です。貿易や関税の問題で期待されているのでしょうが、9・11同時多発テロとも関係があるのです。彼は96年以降、証券会社キャンター・フィッツジェラルドの会長兼CEOで、同社は世界貿易センタービル北棟101階から105階にあったんです。ニューヨークの従業員960人のうち、658人を失い、同社で働いていた兄弟も亡くしたと言われています。2017年に、イスラエルユダヤ人協会から表彰されたり、10月7日の攻撃でイスラエルの被災した人々のために寄付金を集めたりした人物です。同社は、「ハマスはテロであり、私たちはイスラエルを支援するためにここにいる」と立場を明確にしています。

しかし第1章でも述べたように、『ウォール・ストリート・ジャーナル』紙は、「ハマス、イスラム聖戦、ヒズボラが10月7日の攻撃までの1年間に、主にテザー社を通じて合計9300万ドルの仮想通貨を受け取った」と報じています。テザー社は、この数字は「大幅に誇張され不正確」であり、実際は87万3000ドルだったと示唆しています（イスラエル紙『ハーレツ』2024年11月12日付）。

つまり、ラトニック氏は、キャンター・フィッツジェラルドが管理する仮想通貨を通じて、テロ組織の資金調達をめぐる論争に巻き込まれている。どうやら裏がありそうなんです。

石田　トランプ政権は、アメリカについても自立をめざしており、自国で完結させようとしています。いわゆるナショナリズムという思想で、「アメリカファースト」が基本にあります。同じことを他国にも求めていて、それぞれの国が独立しなさいというメッセージを投げ掛けていると思うんですね。

NATOに関しても、欧州の加盟国を批判して、「自分たちの負担分を意図的に支払っていない」と言ってきました。NATO脱退をチラつかせて、負担を求めるのは間違いないでしょう。日本や韓国についても同じことを要求してくるでしょうね。

つまり、アメリカ国民の税金でなぜ他国を防衛し、戦争の手助けまでしなければいけないのか、ということなのでしょう。

経済的にも、欧州の企業はアメリカに依存しているし、日本や韓国の企業も同じです。そのため、同盟国であっても関税を引き上げ、対中国に至っては10％にするとまで言っています。メキシコかやカナダには25％にするとも伝えられています。そうなると、すでに調子の悪い中国やEUがこれから厳しい立ち位置に向かっていくでしょうし、日本や韓国も対岸の火事では済みません。

トランプ大統領は、主従関係ではなく、それぞれの国家が対等な関係であることをめざしているとも思います。それゆえ、民主党政権のように、自国の価値観や理念を押し付けたり、グローバリズムの圧力をかけたりはしないのでしょう。

日本は戦後の「従米」とも言えるアメリカべったりの外交や経済関係ではやっていけなくなります。日本も自分の足で立たなければいけなくなります。

ある意味、日本にとっては、独立自尊をめざす、いいチャンスでもあると思うんですよね。

パックス・アメリカーナが終わり、日米同盟が見直される

大高　独立と言うと、必ず日米同盟の破棄も想定したシミュレーションを言う人がいますが、それは現時点では現実的には不可能なので、米軍のサポートがどれほどあれば、日本にメリットがあるのか、といった議論が必要でしょうね。

トランプ政権が日本の防衛に対してどれほどの要求をしてくるかは未知数ですが、今後10年のスパンで考えれば、いつまでも自国の防衛を他国に依存し過ぎるのも問題です。外国の軍隊が、日本に駐屯しているのを良しとするのにも限界があります。石破政権がどれだけ本気で日米地位協定の改定を望むかにもよりますが、トランプ政権であればディール（取引）によって、日米同盟のあり方を根本から変えることができる可能性もあります。

米中の対立によって、アメリカの弱体化がこれから顕在化してくるかもしれず、かつての一国覇権主義のパックス・アメリカーナとは違って、同盟国の面倒を見ないということが数年以内に訪れるかもしれません。日米同盟の見直しを含めて、日本の安全保障をどうするのか、日本政府がシミュレーションしておくことは大切ですね。

石田　日米安全保障条約の第5条で「日本や在日米軍基地が攻撃を受けたときは、日米共同で防衛にあたる」とあって、そこには日本の米国本土防衛義務に対する規定はないんです。そこが片務《へんむ》的だと言われる点ですね。第6条には「日本の安全・極東地域の平和維持のための米軍の日本駐留・基地使用許可」が定められ、在日米軍については日米地位協定が別途あります。おそらく日本人がいちばん問題にするのは、在日米軍基地や在日米軍について、日米間の取り扱いを規定している日米地位協定の「基地外で逮捕されなければ、米軍人の身柄は起訴されるまで米軍が拘禁」とある第17条なんだと思います。

沖縄などで事件を起こす米軍人の犯罪の裁判権がアメリカ側にあって、日本の警察は基地外で逮捕しないと犯人の身柄を拘束できない。そのため十分な取り調べもできないといったことが起こるわけです。１９９５年の少女暴行事件の際も、犯人の身柄引き渡しはアメリカ側に拒否され、沖縄県民だけでなく多くの日本人の怒りが爆発したんです。だから石破総理が日米地位協定の改定とか、そういうこともディールとして出せないのかなと思ったりするんです。

大高　ただ、この日米地位協定に踏み込もうとすると、相当な圧力がかかるというのも聞いたことがあります。沖縄県がドイツとイタリアと比較した報告書によると、米軍の活動に対する国内法の適用について、日本では原則不適用なのに対し、ドイツとイタリアでは自国軍と同じ法規制が適用されるようです。

つまり、ドイツ国内の提供施設区域の使用や米軍の行動については、ドイツ法が適用され、イタリアでは米軍基地の管理権はイタリア軍司令官にあり、イタリアの司令官は基地のすべての区域にいかなる制約も設けずに自由に立ち入ることができるようなんです。

日本はドイツやイタリアと比べても、従属的なルールの下でやっていて、そのことを疑問にも思わず黙って当たり前のように受け入れていたんですよね。

確かに、日米安全保障条約は片務的で、日本は守ってもらう立場で、米軍兵士に言わせると、なぜ日本を一方的に守らなければいけないのかという理屈も理解できます。

要は、戦後ずっと日本人のほうに、お金を出して米軍に守ってもらったほうが楽だよね、といった属国根性が染みついていたんだと思います。そして、アメリカのほうも、日本はお金を出すキャッシュ・ディスペンサーでいてくれたほうが、パックス・アメリカーナにとっては都合がよかったのでしょう。

石田　在日米軍の駐留経費のうち、日本負担分の一部を「思いやり予算」と呼んでいましたが、いまは「同盟強靭化予算」と言うようです。ほかにも基地周辺対策費や米軍再編関係経費、土地の賃料・返還事業費などの負担もあって、補正予算分も含めると総額年6500億円くらいと言われていますね。

トランプ政権は、応分の負担を求めてディールをする可能性が高いわけです。日本の防衛予算を対GDP比3％にするよう要求するでしょうし、同盟強靭化予算の増額の要求もあるでしょう。

でも、アメリカに言われるがまま増額し、そのまま増税するのではなく、日本政府も費用対効果を考えてディールに臨んでほしいですね。いずれにせよ、1960年の締結以来、日米地位協定は一度も改定されていないので、ここは石破総理の本気度を試す良い機会だと思います。

「軍産複合体」と「医産複合体」

大高　民主党政権時代は、型落ちの兵器を黙って買っていれば、日米同盟も安泰ですよという感じでしたが、トランプ政権になると、それだけではなく、もっといろいろな要求がありそうです。同盟強靭化予算の増額か、それとも米軍基地の縮小か、その両方かもしれません。その分ディールができるわけですから、日本の要望を率直にぶつけたほうがよいと思います。これまでは、属国扱いだったわけですから、そういう意味では大きく変わりそうです。

石田　駿台予備学校の世界史の茂木誠先生が動画で紹介していた、「【図解】トランプの真の敵」関係図がYｏｕｔｕｂｅで話題になっています。軍需産業（ロッキード・マーチンやボーイングなど）にはウォール街の国際金融資本（ブラックロックやゴールドマン・サックスなど）が投資していて、いわゆる「軍産複合体」と言われるこの軍需産業と国防総省（ペンタゴン）や国務省、CIAは結びついているわけです。

一方で、製薬産業（ファイザーやモデルナなど）にも国際金融資本は投資していて、こちらは「医産複合体」と言われ、保健福祉省（HHS）や疾病管理予防センター（CDC）、国土安全保障省と結びついているわけです。ほかにも国際金融資本は、マスメディア（CNNやNBCなど）やSNS（GoogleやMetaなど）にも投資しているので、傘下にあるんです。これらの国際金融資本が民主党政権に巨額の献金をして、これまでアメリカの政治を動かしてきたというカラクリなのでしょう。民主党のカマラ・ハリス氏は大統領選に惨敗してしまったので彼らの影響力が薄れると思うんです。もちろん、国際金融資本は共和党とも関係していますが、トランプ氏は彼らの言うことを聞かないようなのです。つまり、これからの4年間は、このカラクリが通用しなくなるということです。

トランプ氏は、「ディープステート（DS）をつぶす」とマニフェストに掲げているので、この関係図に楔を打つつもりで、閣僚人事の人選をしていると思います。

相手は資金力もあるし、各業界や各省庁、メディアやSNSともつながっていますから、相当時間がかかるし、長い血みどろの戦いになるんじゃないでしょうか。

大高　厚生長官にジョン・F・ケネディの甥に当たるロバート・ケネディ・ジュニア氏を

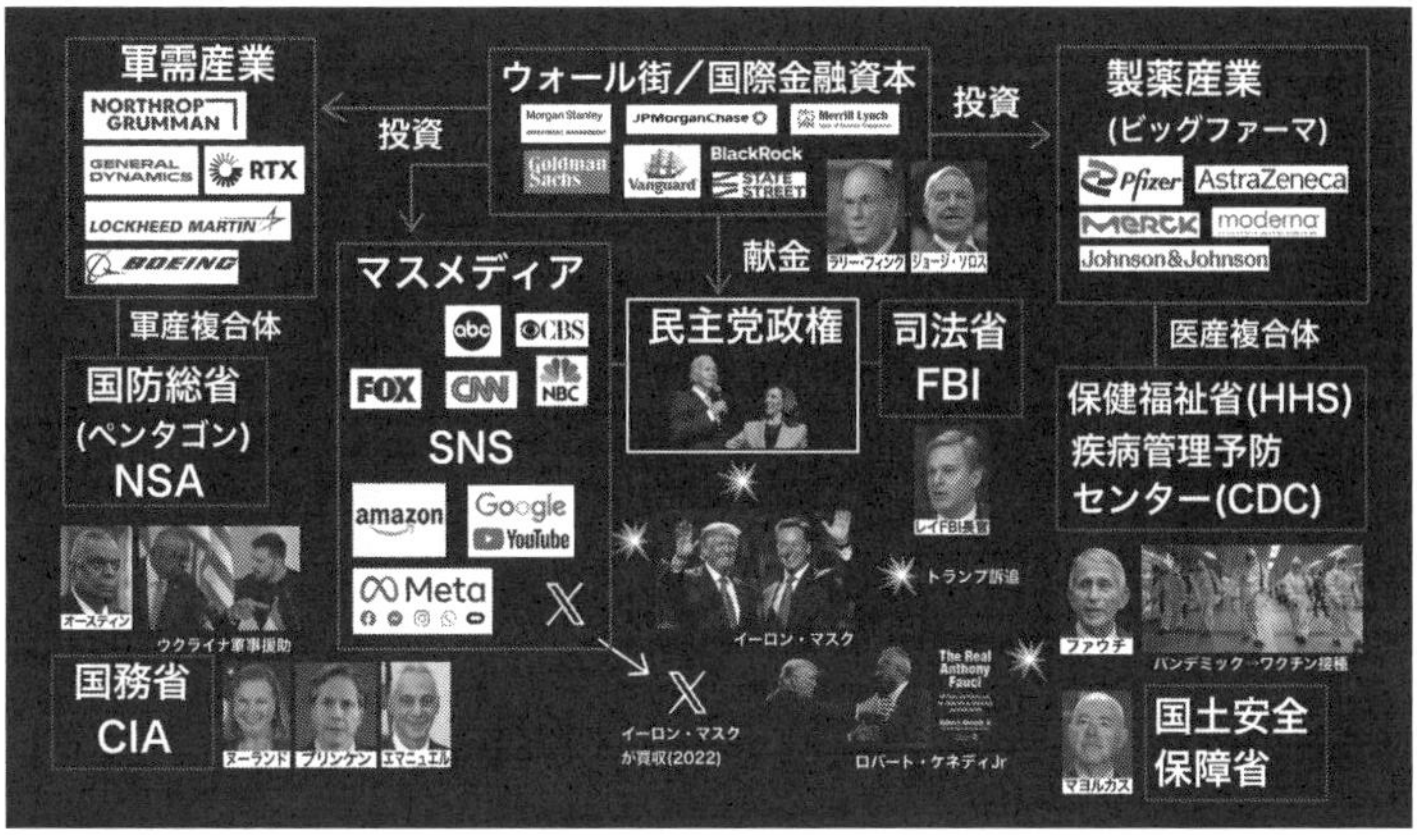

【図解】トランプの真の敵

指名しているのが、戦いを象徴していますね。彼は反ワクチン派ですから、ワクチン企業には何らかの報復があるはずです。上院本会議の過半数の賛成で承認されるかどうかはわかりませんが。いずれにしろ、メディアが騒ぐ人選が何人かいますが、それこそ就任されると困る勢力があるんでしょう。でも、トランプ氏が大統領選に勝利してから、ビットコインが右肩上がりですが、ドルのデジタル通貨へのシフトも考えられるんでしょうね。行政の無駄を省こうとする「政府効率化省」という新しい試みに取り組むのは、イーロン・マスク氏です。彼は、仮想通貨にも熱心に取り組んできました。

石田　トランプ氏はもうドルにこだわる必要はないと言っています。国際金融資本に対して厳しい態度を取るつもりなのでしょう。もちろん、通貨だけでは無理でしょうが、通貨は戦術の一つでしょう。デジタルで管理すれば、好き勝手に紙幣を印刷して流通させることはできなくなります。アメリカがドルで世界を支配する構図は、徐々に崩れていくかもしれませんが、自国で完結する方策を模索していくのでしょう。トランプ2・0は、国内的には戦いが過激化するかもしれません。でも、対外的にはトランプ氏が豪語する「戦争を24時間で終わらせる」のは無理にしても、二つの戦争が終息していく方向にあるのではないでしょうか。トランプ氏は戦争ほど無駄なものはないと考えているでしょうし、トランプ1・0でも戦争がなかったことがそれを証明しています。イスラエルのネタニヤフ政権に対しても支持しますから、イランに対しては強硬に出ることは間違いありません。しかし表向きは強硬でも、裏ではちゃんとディールをやっていくはずです。バイデン政権とトランプ政権の大きな違いは、中東に対してちゃんとパイプがあることです。ベネズエラともイランとも、トランプ氏のブレインが動いている。表向きは、挑発的な国々に対して、かなり強気な対応を取るでしょうが、裏で相手にも利益が落ちるように必ず取引しているはずです。これは中国の外交手法と似ています。トランプ氏はビジネスの現場で活躍してきた人ですから、すべてをビジネスの取引と考えているのでしょう。バイデン政権は自分たちの価値観を押し付ける圧力だけで、言うことを聞かないと経済制裁をして敵ばかりつくってきましたが、トランプ氏の手法は根本的に違うと思います。

私の予想なのですが、トランプ氏は戦争を止めるためにネタニヤフ首相とも取引をすると思うんです。ネタニヤフ首相は戦争が終結してしまうと収賄罪などで逮捕されてしまいます。そこで、戦争を止めても逮捕されない仕組みを用意するのではと思います。逮捕されなければ、ネタニヤフ首相も戦争の終結を受け入れるでしょう。トランプ氏は、彼が刑務所に行かなくても済むようなアイデアを考えているんじゃないかと妄想しているんです。

「私たちは皆、アメリカの影響圏にある」

大高　プーチン大統領とトランプ大統領は気脈が通じているようですから、そこに安倍さんが加われないのが残念でなりません。トランプ大統領誕生に関し、中東では複雑な見解が錯綜しているようです。たとえば、24年11月にヨルダンのハッサン・ビン・タラール王子が来日して、日本外国特派員協会で記者団に対し会見しました。

私も出席したのですが、ハッサン王子は「平和は人から人へということであり、二極化ではなく多元化すべきだということ。憎しみの果てに辿り着く先はない」と指摘されました。次いで「パレスチナ人は、オスロ合意でより多くのことを達成できると考えていた。

一方、イスラエルはパレスチナから土地を奪い、イスラエルは世界最大の軍事装備供給国の一つになった」ともおっしゃっていました。

問題は、「トルコ、シリア、イラン、イラク、ヨルダン、レバノン、パレスチナを含む、いわゆるレバント（地中海東部沿岸地方）を統合する地域組織が存在しないこと」と語り、「私たちは皆、アメリカの影響圏にある」とも付け加えました。

トランプ大統領になっても、中東問題が簡単に解決するような印象はなく、曖昧などっちつかずの回答をされていました。私が楽観的になれない理由の背景には、トランプ氏を支持する福音派の存在があり、彼らは人口の22％を超えているのです。

エリート層に多いユダヤ教徒にしろ、福音派にしろ、信仰・思想・信条の根本に『聖書』があります。そこには、イスラエルの極右派が言うグレーターイスラエル構想があり、聖書をベースとした領土拡張はネタニヤフ首相率いるリクードの党是です。

そこにパレスチナ建国、二国家共存は難しい。チグリス・ユーフラテス川までは約束された地と信じている人たちが、トランプ氏を支持しているわけです。トランプ大統領が、彼らを無視して意思決定できないじゃないですか。そうすると、アラブ諸国とはぶつかるわけで、イスラエル問題は、そう簡単ではないと思うんです。それでもトランプ氏なら何らかのディールをしてパレスチナを国家承認に持ってゆく可能性もあります。

石田　確かに戦争を止めることはできないというのも、一つの可能性としてありますよね。『旧約聖書』にある「エゼキエル戦争」を信じているイスラエル国民も多いでしょうし、カトリックにしろ、プロテスタントにしろ、『新約聖書』の『ヨハネの黙示録』に出てくる「ハルマゲドン」を信じている人は多いんです。ハルマゲドンは、ヘブライ語で「メギドの丘」を意味していて、ユダヤ教でもキリスト教でも使われ、「世界の終末に善と悪の最終決戦が行われる場所や決戦そのもの」を指しているようです。

大高　トランプ支持者の中には、約8000万人の福音派を中心に、この終末論者が多いのです。しかしながら、近年トランプ氏が発売したという『聖書』があって、これは1600年代に翻訳されたピューリタン版の古典聖書らしいのです。アメリカに広く普及している『リビングバイブル』などとは違って、いわゆる「スコフィールド聖書」（1909年刊行）で加わった「イスラエルに都合のいい、シオニズム解釈」が入っていないバージョンなんです。つまり、福音派的キリスト教右派（キリスト教シオニズム）解釈を可能にする「スコフィールド聖書」への静かな決別とも言われているんです。

トランプ氏は、古典聖書とピルグリム・ファーザーズ（英国国教会から追われて米国に渡った初代ピューリタン）の原点に戻ろうとしていて、ユダヤ教徒とキリスト教徒は同じではないことを示唆しているんだと思います。シオニズム批判をする保守陣営も、戦争が大嫌いなトランプ氏と接点がありますから、単純にシオニストにうながされて、戦争を拡大させるようなことはないと信じたいんですけれどね。

石田　『エゼキエル書』や『ヨハネの黙示録』に書かれているストーリーは、未来を予言していることでも、終末戦争に対して怖れを抱かせることでもないと思うんです。

戦争はただの軍事的な戦いを示しているのではなく、「神がなさることには、すべて意味や目的がある」と解釈され、神の力と正義がイスラエル人だけでなく、全世界に知らされる戦争だということなのでしょう。未来は予定されていることではなく、未来を変えるための警告だと捉えるべきなんです。そのための備えが必要であり、そうすることで未来を変えるチャンスにもなるはずです。

大高　終末論は、ユダヤ教徒もキリスト教徒も抱いているビジョンです。第三次世界大戦によって世界が終わり、そこから救世主が現れると考えられています。

中東や欧米の地が舞台ですが、アジアを巻き込まないでほしいとは思いますね。日本人には、八百万《やおよろず》の神々の宗教観がありますので、ほかの神々を許容する精神性もあります。ですからこれからは日本が中東での仲介や調整といった役割を果たしてゆきたいですね。

中東和平は本来、ウイグルを弾圧している中国なんか出る幕ではなく、日本がやることなんです。わずか0・9平方キロメートルしかない聖地エルサレム旧市街を歩いているとしみじみと感じるんです。旧市街はムスリム街区、キリスト教徒街区、ユダヤ人街区、アルメニア人街区と区分けしてあり、ユダヤ人とムスリムは単独で双方の地区に入らないようにしています。多くの監視カメラと治安維持する警察が配備されているとはいえ、敵陣の中を歩くのは危険が伴うからでしょう。ですので、大勢のユダヤ人が徒党を組んでヘブライの歌を大合唱しながら挑発的にアラブ人街を練り歩く姿を何度か目撃したことがあります。哀しいかなこれが一神教が数千年にわたって奪いあってきた聖地エルサレムの現状です。他の宗教に対して配慮がないといえば、イエスキリストが十字架を背負わされて歩いたといわれるヴィア・ドロローサという石畳の道があります。この道はクリスチャンの巡礼団が経験な気持ちで歩く道なのですが、アラブ人地区にも通じていて、ちょうどアラブ人地区との境目に下着屋があります。アラブの下着屋は目のやり場に困る派手な女性用下着を店頭に飾っているので、敬虔な巡礼団は眉をひそめて通っています。旧市街はいつ銃撃戦になってもおかしくない緊張感が常時漂っているのです。

イラン。エルサレム奪還の壁画

私のイスラエルのジャーナリストの知人はいつも「神こそ問題児だ。3人の神様がこの聖地を争いの地に変えている」とマカビー（イスラエルの

聖墳墓教会。十字軍が刻んだ十字

ビール）を飲みながら愚痴っています。

一神教の呪縛から解放されている日本人は四つの地区を緊張感なく大手を振って歩くことができるし、土産物屋で団欒《だんらん》を楽しむこともできます。また、旧市街を出て東エルサレムはパレスチナ人地区、西エルサレムはユダヤ人地区ですが、日本人はどちらに行っても警戒されないどころか歓迎されます。そういった境界線の中間線にあるレストランに私はよく行きます。人なつっこい店員は、ファラフェル（イスラエルの国民食であるヒヨコ豆のコロッケ）とケバブやシュワルマ（アラブの肉料理）を乗せたプレート料理を出して、〝皿の上では和平達成だ！　満腹は人を幸せにする〟などと目くばせしてきます。私は和平プレート料理を頬ばりながら胃袋だけでなく、一刻もはやく二国家共存の日がきて、双方の民が幸せに暮らしてほしいと願わずにはいられません。

第8章

「二つの戦争」の後に、日本は自立する

二つの戦争はトランプ政権でどうなるか？

石田　トランプ2・0の政策は、これまで議論してきた隠蔽された情報の公開だけでなく、不法移民の送還、輸入品への関税強化、法人税・所得税の減税、原油の増産、パリ協定（地球温暖化対策）からの脱退など、公約実現のためスタートダッシュ100日で次々着手されるでしょうね。すでに2026年の中間選挙や28年の大統領選に向けて、動いていると思います。特に世界的に期待されているのが、ウクライナと中東における「二つの戦争」の終結です。

ウクライナでの戦争は、『ウォール・ストリート・ジャーナル』（24年11月6日）に、政権移行チームの戦争終結案として発表されています。

一つは、ロシア占領のウクライナ領土（国土の約20％）を現状のまま凍結、もう一つは、ウクライナがNATO加盟をめざすことを一時的にやめさせるというものです。もしくは、ウクライナに最低20年間はNATOへの加盟を認めない見返りに、安全保障を担保するため、アメリカが武器供給を継続する、1200㎞超の非武装地帯の設置といった具体的なプランも取り沙汰されています。ただ、NATO加盟を望むウクライナにとっては、領土も奪われ、今後もロシアからの脅威が想定されますので、受け入れ難い内容だと思います。

トランプ政権としては、ウクライナが交渉のテーブルにつかなければ、武器支援や経済的支援をストップすると圧力をかけるでしょうし、一方、ロシアにも今後ウクライナに対して、さらなる武器支援を継続すると圧力をかけるでしょう。『ワシントン・ポスト』（24年11月10日）によれば、トランプ氏は、「ロシアが占領した一部の領土を維持する形での合意を示唆」しており、それに対し、プーチン大統領は「われわれは常に平和的手段によって、すべての紛争を解決することを望んできたし、現在もその用意がある」と、11月21日にビデオメッセージを発表しています。私は、ディール（取引）を大切にするトランプ氏がすでに動いているので、解決する方向にあると考えています。

大高　戦争には歴史的な背景があります。ロシア側からすると、2022年2月にウクライナに侵攻したのは、クリミア半島のセバストポリの港や6割を占めると言われるウクライナ東部地域のロシア系住民を守るためという大義名分があったんですよね。せめて、24年3月に更迭されたビクトリア・ヌーランド米国務次官がクッキーと工作資金を配って政権転覆させた14年の「マイダン革命」までは戻る必要があるでしょう。

親ロ派のヤヌコビッチ大統領を追い出して、親欧米派になった背景には民主主義を正義の御旗に掲げる当時のオバマ政権の工作が働いています。当時副大統領であったバイデン氏の次男やジョージ・ソロス氏、ブラックロックなどがその後ウクライナ経済に深く関与し、ウクライナの極右派アゾフ大隊の活動が活発化します。

さらにさかのぼれば第1章でも触れましたが、ソ連崩壊後、30兆円~70兆円ものロシアの天然資源を略奪していたイスラエルとロシアの二重国籍者が、その権益を奪ってロシア国民に還元したプーチンを逆恨みし、ウクライナを利用してロシアとの戦争を誘発させた。

ですので日本でステレオタイプに報道された「ロシアは悪で、ウクライナは善」という見方は、1・2兆円におよぶ日本の理不尽なウクライナ支援に対し、世論を納得させるための偏向報道であったと思います。

石田　戦争をしている国は、戦時中にプロパガンダを流して敵国だけでなく、国民をも騙します。ウクライナでも、ロシアでも、正しい情報は伝えられていないかもしれません。日本も戦争中に大本営発表として、ラジオなどを通して戦況を国民に伝えていましたが、戦況が悪化してくると改竄や捏造が繰り返されました。

何かで読んだのですが、あるおばあさんは、「日本が勝ってたら、毎日あんなにお骨が届かない」と言ったんです。終戦のころには、日本の戦況がかなり悪いということに薄々感づいていた日本人は多かったはずですが、大本営発表に反することを言ったら、非国民扱いで大変なことになったわけです。当時は「日本が負けている」と言えば、陰謀論だったわけじゃないですか。でも、それが真実だった。いまのテレビなどのメディア報道も、陰謀論と言ってスルーする情報がいっぱいありますが、このおばあさんのように、自分で考えて導き出すしかないのです。幸いに、いまはネット情報やソーシャルメディアがありますから、材料には事欠かないですけどね。

兵庫県知事選でも、テレビ報道とSNSでの情報に食い違いがあって、何が正しいのかわからなくなりました。私が23年10月7日以降に「ハマスがテロをする以前の情報にも注目してほしい。ハマスが一方的に悪いわけではなくて、イスラエルの悪にも注目してほしい」と言うと、「おまえはテロリストの味方か」と当初は言われたりしました。いつの時代も、大手メディアの報道に右に倣《なら》えをするのではなく、正しい情報に基づき判断し、行動することが大切なのだと思います。

「アブラハム合意2・0」がイスラエルを止めるか

大高 ガザ地区の先行きも不透明感が漂っていまして、24年11月10日には仲介役のカタ一ルがドーハにあるハマスの事務所を追い出したんです。イスラエルとハマスの両者が真剣にテーブルにつくなら、カタールは仲介を再開すると言っていますが、それまで棚上げになったかたちです。また、ファタハもガザ復興支援の利権を巡って分裂の兆しが見え隠れしています。アラブ側も一枚岩ではなくて、イスラエル寄りに動く湾岸諸国とイスラム原理主義的な国では温度差がありますね。アラブ系のジャーナリストも、「アラブは本当にまとまっていない」とよく言います。20年のアブラハム合意の前に、NY在住の知人は、サウジアラビアの高官がニューヨークの和食屋の個室ででイスラエルの人と接触しているのを何度か見聞きしていますから、裏で普通につながっているんですよね。

中東での戦争の解決は、トランプ氏のディールをもってしても、それほど簡単ではないと思うんです。

石田　中東問題では、トランプ氏がサウジアラビアをどう使うかに注目しています。今回の戦争を止めるためには、イスラエルと関係があり、かつイランとも国交正常化しているサウジアラビアの存在を抜きには考えられない。サウジアラビアのムハンマド・ビン・サルマン皇太子兼首相とトランプ氏は、馬の合う仲で盟友と言われていますから、中東での戦争を止める作戦が何かあるような気もするんです。

ただ、サウジアラビアは二国家共存、パレスチナ国家の承認が前提ですから、現状のままだとイスラエルと握手なんかしません。パレスチナの大義があって、ウエストバンク（ヨルダン川西岸地区）から全部撤退しろというのが条件です。でもイスラエルは、70年以上入植活動をやっているわけで、全部撤退なんてどう考えても無理なんです。この入植活動を、現在の時点で止めてくださいというのが20年のアブラハム合意の条件だったんですよ。

アブラハム合意でも、相互の国家承認やイスラエルのウエストバンクの併合を保留、東エルサレム全域、ヨルダン川西岸の約３割、ゴラン高原のイスラエル領有を事実上容認しました。その条件のもとで、ＵＡＥとバーレーンが、イスラエルと国交正常化して、この両国に国交正常化の許可を与えたのは、アラブの盟主であるサウジアラビアの力なんですよね。

それなのにネタニヤフ政権になって、全部ひっくり返されてどんどん侵略が進んでしまったわけです。どれだけトランプ氏が、サウジアラビアの納得のいく条件を提示できるのか、そこにトランプ流のディールが出てくると思います。

これができれば、「アブラハム合意２・０」も可能性があり、中東での戦争を終結させる道筋をつけられるかもしれません。

大高 サウジアラビアは、外交が上手ですよね。いろいろな国を天秤にかけて、全方位外交をします。

スンニ派のサウジアラビアとシーア派のイランが国交を正常化させているのですから、中東のイスラム諸国がまとまって、トランプ氏のディールに対して歩み寄ればテーブルにはつくと思います。あとは、イスラエルのネタニヤフ政権が極右派をどれだけ抑え込めるかですね。

石田　ネタニヤフ首相の逮捕に対して逃げ道をつくるとか、トランプ氏のディールに期待するしかないですね。トランプ氏は大統領就任早々にサウジアラビアに行くでしょうから、そこで方向性が見えてくると思います。

サウジアラビアがいまほしいのは、核なんですよ。バイデン政権時にも、イスラエルとの国交正常化の条件として、核開発協力が挙がっていたんです。そういう話し合いをしているうちに10月7日のイスラエル・ハマス戦争が始まってしまった。

ライバルのイランが核開発で確実に力を付けている以上、アラブの盟主として、サウジアラビアも核兵器がないことに強い不満を持っているんですよ。イランと国交正常化はしたけれど、１００％信用しているわけではないんです。サウジアラビアなどのスンニ派は、シーア派のイランなどの革命の波をアラビア半島に持ち込まれたくはない。だから、どうしても軍事力的には、イランと対等な状況でなければいけないわけです。

もしもトランプ氏がサウジアラビアの核開発協力の条件を飲めば、戦争終結に向けての動きがあるかもしれません。トランプ氏もそれをわかっていると思いますので、表向きは原子力発電所などの民生用の開発ということでディールがあるでしょう。

裏側はもちろん核兵器の開発ですよ。サウジアラビアを巻き込んで、イスラエルの戦争を止めさせるためのシナリオを用意していくのではないかと期待しています。

大高 サウジアラビアの核武装は、イランは嫌でしょうから、この難問を解くのは並大抵ではないですね。アブラハム合意2・0は、サウジアラビアが核を持つこととイラン側につくこととの綱引きじゃないですか。

サウジアラビアが核を持って、イスラエルと仲良くするんだったら、そこは許容範囲かもしれない。でも、イランは離れてしまう。トランプ政権が、この難問をどう解くのかは見ものだと思います。

石田 もしも何らかの形で、サウジアラビアがイスラエルとの正常化に向けて動くようなことがあった場合、UAEやバーレーンも追随するでしょうね。

そうなってくると、「エゼキエル戦争」にまた近づいてくるんですよ。イスラエルを援護射撃する国々として、アラビア半島に「シェバ」とか、「デダン」といった名前が『エゼキエル書』には書かれています。サウジアラビアとか、湾岸諸国辺りを示しているんです。イスラエルに敵対するのが、イランやロシア、トルコですから、エゼキエルの預言が現在の国際情勢を表しているのかもしれません。

個人も国も依存しないで生きていく

大高　戦争が嫌いなトランプ氏が大統領になることで、第三次世界大戦は回避されたかもしれないと、最近ひと安心しているんですよ。

しかし映画でもそうですが、ひと安心して最後にモンスターが出てくるじゃないですか。だから、私はちょっと不吉なものも感じるんです。それがトランプ暗殺なのか、想定外の9・11みたいなテロが起こるのか。どういう展開になろうとも、世界は動乱の時代に入る。だから、日本はそれを逆手にとって、自立の方向に舵を切るべきだと思うんです。

石田　動乱の時代になると、日本の政府もそうですが、国民一人ひとりが会社とか自治体とか何かに依存していても生きてはいけない。自分だけでも生きていく術を身につけなければいけないですね。会社に勤めて、毎月お給料をもらって、会社と家の往復だけという人が多いと思うんですが、そういう人にはこれから厳しい冬の時代が来ますよ。

極論を言うと、どこに行っても生活できる環境をつくっていかないといけない。日本を出て、どこか別の国に行ったとしても、そこでも収入を得られる仕組みをつくらないといけない。もしくは、どこにいてもどんな時代になっても求められるスキルを持っていないといけない。

大高 ユダヤ人は、世界中どこでも食べていける、もしくは生きていけるようなネットワークがありますね。二千年間世界を流浪しているうちに、世界中で生き延びるための超法規的なノウハウを構築してきたのでしょう。

イスラエルの小学校を取材したことがあるんですが、特殊な能力を持っている子は、その才能を伸ばせるような学校に入れられるんです。特殊な教育を受けて、その才能を伸ばす。ちょうど私が見学した時、小学生に漢字を教えていました。木、林、木がたくさんあるから森という風に先生が黒板に書いて説明するんです。日本の偏差値教育とは発想が違います。批判されようが自分の意見はどんどん言わせる。ですからユダヤ人が3人集まれば6つの政党ができると言われているくらい自己主張が激しいんです。周囲の意見や顔色を窺う日本とは真逆です。批判されても異論に耳をかさず、口をへの字にしてあっけらかんと自己主張を続ける。これがイスラエル外交の神髄だと思います。いつ祖国イスラエルが消滅しても、地球上のどこでも生きていくだけの知識ではなく智慧《ちえ》を授けるのがユダヤ人の母親の教育なんです。日本人には想像も及ばない逞しさと狡猾さがあります。

国民皆兵制の国ですから（超正統派ユダヤ教徒は除外）、高校が終わると男子は3年弱、女子は2年兵役につきます。厳しい兵役を終えたら、そのまま大学に進学せず、兵役で貯めたお金を持って世界放浪の旅に出る若者が多い。

ですのでイスラエルの旅行代理店に行くと世界中の同胞から送られてきた情報にアクセスできます。全世界にユダヤ人コミュニティがあって、そこに行けば言語習得の仕方を教えてもらったり、仕事や人脈を紹介してもらえたりするといったサポートがあるようです。

石田　華僑と言われる中国人も、印僑と言われるインド人も、大英帝国時代から植民地があったイギリス人やフランス人も、世界中どこでも生きていける術がありますよ。

日本人には、残念ながらそういう逞しさがないですね。これからの時代は、日本人にはディールに強くなってほしいですね。取引や交渉はビジネスの基本ですし、トランプ時代には政治家にとっても必須でしょう。こちら側がどれだけ強い交渉材料を持つか、もしくは見せかけるのでもいいので準備する。交渉するときには、遠慮することなく自信を持ってプッシュして、なるべく相手から譲歩を引き出す。

最初に目的とする落としどころよりも上回る、強気な要求をすることも大切ですし、重要ではないことでも守り抜いて取引材料にして、最後に譲歩して果実を手にするといったテクニックも必要です。トランプ氏は、石破総理に会わないことで相手に不安を抱かせたり、心配させたりして、すでに強い立場に立っていますよね。日本側が取引材料を準備して、譲歩するように仕向けている気がします。

大高　日本人も定年退職後の高齢者が、身近なタイやマレーシアといった東南アジア圏に移住したりするケースが増えてきました。でも、いまはハードルが上がっているようで、数百万円の預託金を積まないと永住権がもらえないと聞きました。日本人が世界のどこでも生きていくのは難しいのかもしれませんが、せめて商社などの在外邦人が持っている情報だけでも活かしていけばいいのにと思います。

兵役を終え、海外放浪に出るイスラエルの若者が情報収集する旅行代理店

イスラエル人はどこの国にいても、路上から見た情報を国家にあげると聞きました。貴重な情報をを持ってくる人は、モサドから見込まれて声が掛かるらしいのです。中国人にも国家情報法があって、「いかなる組織や国民も、国家情報活動に対する支持、援助、協力を行う義務がある」と定められているようです。以前、能登半島地震の時に現地取材に行ったのですが、深夜、寒い真っ暗な商店街で裸電球をぶらさげてポツンと一人、イスラエルの青年が路上でアクセサリーを売っていました。いまになって思えば、被

災地でアクセサリーなんか売れないでしょうから、何か別の目的でもあったのか否か、謎です。バブルの頃は都心部で路上でものを売って数千万貯めて故郷に家を建てた若者もいたそうです。経験プラスお金もしっかり稼ぐ。本当に逞しいのです。

石田 日本は諜報活動が世界最弱というか、諜報機関そのものがないし、情報はどんどん抜かれまくりの国家ですからね。ディール以前の問題で、強い交渉材料とか、相手の思惑などの情報を入手する術がないんですよね。

日本の情報機関は各省庁バラバラに収集しているようで、外務省には「国際情報統括官組織」、防衛省・自衛隊には「情報本部」、警察庁警備局には「公安外事警察」、内閣官房には「内閣情報調査室」、法務省には外局に「公安調査庁」があるのですが、どうやって統括していくのかがこれからの課題ですね。

戦後GHQによって奪われた「日本の背骨」を取り戻せ

大高 ユダヤ人だけでなく、中国人も逞しいと思うのは、日本の制度をうまく利用することです。日本に90日住んでいる在留外国人は、国民健康保険に加入する必要があります。

ですので3カ月以上日本に住めば、医療費が3割負担で日本人とほぼ同じ医療サービスを受けられることになります。中国本土ではこうした情報が共有されているので、重い病気の人ほど日本を活用しているようです。

最近、中国人ドライバーが一方通行路を逆走して事故を起こしたといった報道がありました。この背景には「外免切替」という制度があって、外国の免許証を持つ人は、知識に関する試験と運転技能の確認をすることで日本の免許証へ簡単に切り替えることができるようです。この知識に関する試験は、日本人が受ける通常の運転免許試験とは異なり、二択形式で全10問中7問正解すれば合格だと言うのです。登録住所も宿泊ホテルでいいそうで、日本の運転免許試験場に中国人が殺到しているというニュースを見ました。

中国はジュネーブ条約に加盟していないのですが、日本は加盟しているので日本の免許があれば、100カ国近くの加盟国で運転できる国際免許が取得できます。日本人にはこうした図々しさがないので、ある意味彼らの逞しさも必要かなと思ったりします。

石田 世界中の人が移動することは悪いことばかりではないでしょうが、移民となると各国とも頭を抱えています。

トランプ政権は不法移民の強制送還を打ち出していますが、欧州でも右派勢力だけでなく各国の重要政治課題になっています。ロシアも移民を積極的に受け入れてきたのですが、最近はテロ対策もあって移民への締め付けが強くなっています。不法移民はもちろん、出稼ぎ労働者などの合法移民も国外退去させられたり就業が制限されたりしてきました。

世界は、移民によって国の秩序が崩れていく事例を見ているわけですよ。欧米だけでなく、日本でもかなりそれに近づいている地域もありますね。

大高　移民は大問題です。先日もイスラエルのシンベト（イスラエルの公安・保安機関）が、イランの工作活動に協力していたイスラエル人を十数人起訴しています。老若男女多種多様な職業についていたそうですが、その中にはウクライナやベラルーシからの新移民もいたそうです。

国家に忠誠を持たない移民など山ほどいるわけで、日本も他山の石として教訓にすべきです。にもかかわらず、経団連が音頭をとり、人口減少や人手不足が深刻ということで、日本は移民を受け入れる方向にあります。24年度から特定技能外国人の受け入れ枠を、5年間、上限82万人にすると閣議決定しています。

人道大国であった北欧は、難民・移民問題への政策を大きく方向転換しました。スウェーデンは自主帰国を決めた移民に対し、1人当たり最大35万クローナ（約490万円）を給付することになりました。それほど移民問題が深刻だと言うことです。社会に溶け込めず、犯罪に手を染める移民が急増しており、社会問題にまで発展しているからです。

日本では、中国語の新聞を開けば、生活保護を受給する方法とか親族をこちらに呼び寄せる方法とかのノウハウが載っていますし、国民健康保険を利用した阿漕《あこぎ》な受診のノウハウまで情報が共有されています。朝鮮半島有事や台湾有事を想定し、難民が押し寄せる可能性もあります。これから10年、欧州の事例を参考に、移民問題は早急な見直しが必要です。人手不足ならそれこそ日本の得意な機械やロボット開発に力を入れたほうが得策です。

石田 ロシアとウクライナの戦争でも、ロシア側に北朝鮮兵1万人強が傭兵として参戦しています。一方、ウクライナ側には韓国が自国製の兵器や装備を送ろうという動きがありました。北朝鮮の軍隊が、実際の戦場で経験を積むことに対抗する狙いがあると言われています。

休戦状態の両国が場所を変えて、ちょっとした朝鮮戦争を始めたようなものです。これからエスカレートするかもしれず、朝鮮半島からも目が離せません。台湾統一に強い意欲を見せる習近平国家主席は、2027年の4期目に向けて準備しているようで、台湾有事の際、米軍の介入を阻止できるだけの軍の態勢を整えると言われています。日本は有事への備えが、早急に必要ですね。

大高 戦後80年、とりあえず世界一の覇権国家アメリカとの日米同盟に胡坐《あぐら》をかいて経済活動だけに専念していれば、いくらアメリカから搾取されようが平和だけは担保されていました。トランプ大統領は以前、国連演説で「世界の自立と国民主権」を訴えています。日本もその訴えに便乗するべきなのです。これから地政学的なリスクが高まっていくのは間違いないのですから、日本にもほんとうの意味でインディペンデント（自立）が必要になります。

それにはまず自立の意志が最初の一歩です。そこを固めて、ではいつ、どの段階でと具体的な計画を立ててゆく。そのために私は日本の弱体化を促したGHQの呪縛を解いて日本の背骨を立て直すことが大事だと思います。

江藤淳氏の『閉された言語空間』（文藝春秋）は日本人にとって必読の書だと思います。これを読めば、GHQがいかに巧妙に、日本の検閲官を高給で雇い、メディアをGHQの歴史書き換えの共犯者に仕立て上げて国民を自虐史観に洗脳してきたのか、そのメカニズムがわかります。新聞などの報道機関を統制するために「プレスコード」という規則が導入され、検閲されるまでになったんです。それはいまでも報道機関に影響しています。

戦前・戦中に刊行された書籍の実に7000冊以上が、戦後GHQの命令で焚書《ふんしょ》されました。焚書された本の中にわれわれ先人たちの大東亜戦争の真実があります。これからの動乱の時代に、いままさに日本人が、個人が自立しなければいけないといったときに、大東亜戦争とは何だったのかを、もう一度検証しなければいけません。

タイのククリット・プラモード首相（1975年から76年）は、「日本のおかげで、アジア諸国はすべて独立した。日本というお母さんは、難産して母体をそこなったが、生まれた子はすくすくと育っている」と指摘しています。そうした事実に対して、GHQは、いろいろなものを塗り替えてきました。戦後すぐに「ウォー・ギルト・インフォメーション・プログラム」というのがあって、GHQが「戦争責任（ウォー・ギルト）、広報（インフォメーション）、計画（プログラム）」として日本人を再教育、つまり洗脳したんです。

戦争の責任は、軍国主義者の責任であって、アメリカや連合国には何ら責任はないという論理が導入され、大都市への無差別攻撃も、広島・長崎への原爆投下も、軍国主義者のせいで起こったことであると教え込まれました。

先人たちが残した良き部分だけは背骨として取り入れ、反省検証すべきところはきちんと精査したうえで、戦後洗脳された部分を消し去らなければいけないんだと思います。

「小さな政府」をめざし、国民負担率を引き下げよ

石田　日本が今後自立していくためには、貿易摩擦などの通商問題でもしっかりとした

ディールができるようにならないといけないですね。1970年代から90年代半ばにかけて、日米貿易摩擦が大きな問題となり、繊維、鉄鋼、自動車、テレビ、半導体などで、アメリカから輸出規制の要求が突きつけられました。2010年代から日本は自由貿易を推し進めたため、地域の農業は衰退の一途で、食料自給率は38％（カロリーベース）まで落ち込んでいます。

2020年代は日米貿易協定やデジタル貿易協定があり、対象は物品に限らず、サービス分野、デジタル商取引にまで広がっています。特に日米間では、食料、農業、地域経済、金融、知的財産、個人情報などを保護できないかもしれず、国民生活にも直結してきます。「自国ファースト」を貫くトランプ政権になれば、日本だけではないでしょうが、アメリカからの要求も増えてくるでしょう。

国内に目を向ければ、国民民主党が提起した所得税が発生する「103万円の壁」の議論によって、税と社会保障の問題に国民の関心が注がれました。私は消費税にもスポットを当ててほしいと考えています。消費税と言われると、消費者がお店で支払う（納税する）税というイメージを持っている人も多いかと思いますが、消費税法では、消費税の納税義務者は事業者と定められています。そのため、事業者の負担が大きく、そのうえお金持ちも貧しい人も同じように課税されるために、生活費に占める生活必需品の割合が高い貧しい人に消費税の負担率はより高くなってしまいます。

財務省はこれから消費税率をさらに上げていこうと考えているかもしれませんが、これ以上上げると、実質所得が落ちている日本人もさすがに反乱を起こすでしょうね。

ただでさえ、日本の国民負担率（税金と社会保険料などの公的な負担割合）は、45％以上あり、限界に達しています。もうこれ以上「大きな政府」をめざすのではなく、「小さな政府」をめざすトランプ政権を見習ってはどうかと思います。

トランプ政権では、起業家のイーロン・マスク氏とビベック・ラマスワミ氏が「政府効率化省」のトップになり、年間5000億ドル（約78兆円）の歳出削減をぶち上げました。政府機関ではなく、大統領にアドバイスする顧問のようなポジションのようですが、官僚機構の効率化と整理・縮小をめざし、連邦政府職員の大量解雇を明確にしているのです。これは同時に、行政サービスの縮小も意味していますので、国民の覚悟も必要です。

大高　もともと日本の停滞は、小泉・竹中氏の構造改革から始まって、日本の終身雇用が壊されたためという保守派の意見は多いですね。小泉政権の5年間で、公共事業の削減が続き、郵政民営化などの改革が断行されました。竹中平蔵氏の改革により多くの分野で競争原理が強まり、労働分野でも非正規雇用者が増えていきました。

改革によって非効率を排した結果、痛みも拡大したんです。景気回復を優先し、企業の収益性を重視したため、労働者の所得は右肩下がりで、一方で株価の上昇などで資産所得が増え、日本でも格差が広がりました。民間部門には改革を断交しましたが、公的部門の改革は進んでいません。国の財政を牛耳る財務省は、表の会計は大赤字だと見せかけて増税を唱えながら、裏には一般会計の5倍もの「特別会計」があることをあまり議論しません。記者クラブを通じてメディアに情報を流し、ニュースでいろいろな問題をあおって、国民の目に可視化されるようにして、特別会計にしていくんです。

たとえば、国が道路整備をしたり、年金基金を管理したりといった特定の事業の特別会計は知られていますが、米不足だと食料安定供給特別会計とか、南海トラフをあおって地震再保険特別会計ができたり、自動車事故対策の強化が自動車安全特別会計になります。

霞ケ関のエリート官僚が天下り先をつくって、そこにお金が流れ込むシステムになっているようにしか見えません。その財源は、一般会計からの繰り入れや事業所得税などの目的税、国債の発行による借入で、二重帳簿のようになるので複雑で把握できないんです。結局、利権と天下りの温床になっているのが特別会計なんです。

「政府系ファンド」で経済的に自立せよ！

石田 トランプ政権の誕生で、これから行政部門のあり方が大きく変わるかもしれませんね。日本も特別会計を含め、財務省への批判が高まってきました。もちろん行政官僚は国のために働いてきたという誇りがあるのでしょうが、組織が巨大過ぎて、いつの間にか「国のために」が「省益のために」になってしまっているのでしょう。省庁に入った瞬間から出世レースが決まっていると言われる巨大なヒエラルキーの中で、トップに近づくことが目的化され、そのご褒美として天下り先が用意されてきたんでしょうね。

でも、それは古いシステムなんですよ。これからは競争原理を絶対視したり、勝ち組・負け組が当たり前だったりする社会システムから、民間部門の効率性やすべての人の多様性を大事にする社会システムになっていくんだと思います。

大高 繰り返しになりますが、霞ヶ関のエリートは欧米のエリート大学に留学して、またそこで欧米の論理と正義を学んで、その先兵となって戻るわけですよね。

そこで洗脳されて戻ってきた人が、日本の政治や行政を司《つかさど》っているわけです。永田町と霞ヶ関のトップ層だけでなく、アカデミズム（学会）やジャーナリズムも先ほど紹介したウォー・ギルト・インフォメーション・プログラムを刷り込まれ、受け継がれています。

同じように、学校の先生も刷り込まれてきましたので、ウォー・ギルト・インフォメーション・プログラムが教育の現場でも教えられてきました。すでに日本人の98％は、日本は過去悪いことをしたし、反省しなければいけないと思っています。いまこそ、こうした自虐史観や贖罪意識を持たされたことに気づき、元に戻す時期なのでしょう。

最近、大手マスコミや財務省への批判が高まっているのは、日本人が洗脳のカラクリに気づきはじめたからなのではないでしょうか。

石田　これからの10年を考えると、日本が生き残っていくには、欧米だけでなく、中東やグローバルサウスの国々との付き合いももっと深めるべきです。そうでないと、日本経済は低成長が続き、国を牽引するような新産業やイノベーション（技術革新）が生まれてきません。

日本がこれから発展するためには、中東から学ぶべきこともあって、国家級の自由経済特別区（エコノミックフリーゾーン）を創設することもその一つです。同じエリアに同じ業種を集め、お互いに自由競争をさせることで、いいものをつくりだすというものです。

このエリアでは、企業にかかる税金をゼロにして、業種ごとに必要なインフラや法律、制度を調整し、その場所でビジネスを展開すれば、世界でも競争力の高い有利な条件が整います。

石油の採れないドバイは、港や空港を整備し、インフラを拡充させることで徐々に世界中から企業を誘致するようにしたんです。最も有名な「ジュベル・アリ・フリーゾーン」

には、世界中の大企業が７０００社も集まっているんです。日本からも日産、カシオ、パナソニック、ソニーなどが、このフリーゾーンに拠点を置いています。

何もなかったＵＡＥの砂漠には、いまではマンハッタンかと見まがうほどの高層ビルが建ち並び、各首長国がフリーゾーンを活かして発展しました。ドバイの人口は３３１万人ですが、住民のおよそ８割が出稼ぎ労働者などの外国人で、２割がドバイ国籍です。政府系ファンドの利益は、ドバイ国籍の国民に還元されていくんです。

大学まで教育費無料、医療費も無料。ＵＡＥ国籍同士で結婚すると豪華な家も支給され、もちろん税金もかかりません。結果として、ドバイは無税国家をつくり上げました。外国人と外国資本をうまく利用して、無税国家を実現したんです。

大高　日本も真似すればいいのにと思いますね。産油国のように潤沢な資源があるわけでもなく、その点では日本もドバイと同じ条件のはずです。

石田　最初に無税国家を理想として掲げていたのは、パナソニックの創業者松下幸之助です。無税国家構想は、国家予算の単年度制を廃止し、国家の経営努力によって予算の何パーセントかの余剰を生み出し、積み立てていくものです。その積立金を運用し、金利収入によって国家財政を運営する。こうしたダム式経営によって、無税国家、収益分配国家をめざそうという構想ですが、残念ながら日本は国民負担率が50％近くまでになっています。

日本は無税国家どころか、国の借金が年々増えていると財務省が喧伝し、増税されていく一方です。

日本が自立するために学ぶべきは、中東の国ばかりではありません。アジアのシンガポールも政府系ファンドが有名です。政府系ファンドの総資産額ランキング（２０２３年）の10位までを見ると、アメリカやイギリスの政府系ファンドはなく、１位のノルウェー系以外は中国、ＵＡＥ、クウェート、シンガポール、サウジアラビア、香港、カタールのファンドで占められています。日本も新時代に向けて、「エコノミックフリーゾーン」や「政府系ファンド」といった事例に学ぶべき時ですよ。

シンガポールの豊かさを実現したのは、建国の父であるリー・クアンユー初代首相ですが、「一生のうちに年金だけで2回家を建てられる国にする」という目標を掲げ、小国に過ぎなかったシンガポールをアジア屈指の金融国家へと成長させました。政府系ファンドを活かして、成長した国なんです。シンガポールは基幹産業と言われるシンガポールテレコム、ＳＴエンジニアリング、シンガポール航空、ＤＢＳ銀行、キャピタランドといった国を代表するような企業の株を、「テマセク・ホールディングス」という政府系ファンドが持っています。これらは国営企業ではなく、あくまで民間企業なんです。上場企業であり、外国人や外国人経営者もたくさんいるのですが、その株を大量に保有しているのは政府です。国が保有し、経営は経営の専門家にまかせます。こうした国有企業のような状況をつくり出したうえで、世界に対して投資もしているのです。

保有している株の割合は、31％がシンガポール企業、69％が海外投資と言われています。テマセク・ホールディングスは、積極的に投資することでお金をどんどん増やして、国民に還元するスタイルです。政府系ファンドが、効率化されているトップクラスの利益を生み出す企業の株を持つことで、お金が増えていく仕組みをつくり出しています。

日本にもGPIF（年金積立金管理運用独立行政法人）という年金基金があります。政府が運用しているため、GPIFを政府系ファンドとして捉える考え方もありますが、世界の政府系ファンドとは決定的に違うことがあります。

政府系ファンドは、政府が運用することに加え、あくまでその原資は政府が行っている投資やビジネスで得たお金です。一方、GPIFは国民が稼いだお金から差し引かれるお金（年金）を運用するものです。これからは、政府や自治体がビジネスをし、自らが稼ぐことを考える時代になってほしいですね。そうすることで、国民の税金などの負担を減らし、所得を増やし、経済的にも自立していくべきなんでしょうね。

あとがき

『エゼキエル戦争』に終止符を打つ天祐の国

２０２４年12月8日、シリアが陥落し、アサド政権の後ろ盾だったモスクワは面子を潰されテヘランは震撼した。反政府軍は〝民主主義の到来〟と叫んで歓喜に満ち溢れ、主要メディアはアサド大統領の悪魔化に夢中だ。リビアのカダフィー大佐、イラクのサダム・フセイン大統領、第二次世界大戦ではヒトラーと東條英機首相、いつの時代も戦争屋は聖戦士であり続け、敵のリーダーは悪魔化されて歴史に刻印される。果たして本当に悪魔だったのか検証を試みようものなら〝歴史修正主義者〟とレッテル貼りの言論封殺。

そういえば〝ウクライナ戦争屋オバサン〟で名をはせ、24年3月に更迭された米元国務次官ビクトリア・ヌーランド。マイダン革命でクッキーを配った因果が実を結び、数万人以上のウクライナ人犠牲者が出ている。良心の呵責もどこ吹く風で、なんと彼女は9月に古巣のＮＥＤの取締役会に返り咲いている。本書でも何度か触れた、〝民主化〟の美名を武器に他国の政権転覆を企ててきたあのＮＥＤだ。ＮＥＤの代表兼最高経営責任者であるデーモン・ウィルソンは「彼女の生涯にわたる民主主義への献身は、私たちの使命にとって重要なこの時期にNED理事会にとって貴重な人材となるだろう」と述べている。悪魔が来たりて笛を吹くとはこのことだ。イラク戦争で150万人以上の犠牲者がうまれたが、当時のオルブライト国務長官は「価値あることだ」と涼しい顔で言ってのけた。

昨今の中東は、KAZU（石田和靖）さんがお書きになった『エゼキエル戦争前夜』そのものだ。旧約聖書（ユダヤ教）に書かれたエゼキエルの預言とは、簡単に言えば2600年の歳月を経て、ロシアを筆頭にした多くの国がイスラエルを攻撃するものの、神の奇跡でイスラエルが勝つというシナリオだ。『エゼキエル戦争はただの軍事的な戦いではなく、神（ヤハウェ）の力と正義がイスラエルのみならず全世界に知らされる戦争』だという。

にわかに信じがたい預言だが、この終末論を希求してやまない狂信的なユダヤ教徒や福音派はいる。世俗派のイスラエルの知人は戦争が起こるたびに〝神こそ問題児だ！〟と憤る。エルサレムの上空に居座る〝神〟なる存在は、ユダヤ人に選民思想を植え付け、多民族を無慈悲に滅ぼすことを許可する神だ。捏造を指摘されている〝ハマスの集団強姦〟の記事を書いたNYタイムズの記者は「ガザを屠殺場に変えろ」と発信されたXにイイねを押している。非ユダヤ教徒は家畜同然のゴイムということか。

私がジャーナリストになったきっかけは、パレスチナのインティファーダ（石を投げる抵抗運動）に遭遇したことだ。以後、私の仕事を一言で要約すれば、〝世界一嫉妬深く惨忍な〝神〟の正体探しを試みてきたと言っても過言ではない。

ヤハウェと対照的なのが日本の神々だ。我々日本人は天孫降臨の神話を抱き、森羅万象生きとし生けるものすべてに神性を見出し、自然と共存して生きていた縄文時代からのDNAが受け継がれている。石や木々や花鳥風月の中に神様がいるのだから隣人の中にも私の中にも神がいる。八百万の神々は、なんと寛容で優しい存在であろうか。

ところが『ジャパンズ・ホロコースト』の著者でユダヤ人のブライアン・マーク・リッグ氏は米国最大の自由思想団体FFRF（宗教からの自由団体）の番組に出演し、『日本の神道におけるホロコースト』というテーマで浅薄な持論を展開し、日本の神々の悪魔化を謀《はか》っている。

ハマスのテロから1年が過ぎ、ガザでは2度目の厳しい冬を迎えようとしている。深刻な飢餓が蔓延し、医療施設は壊滅状態、瀕死の患者も麻酔無しで肢体の切断を迫られている。イスラエル軍の攻撃によって発生した孤児は1万9千人を超えている。私は孤児たちの映像から目をそらすことしかできないふがいなさ、無力感に苛まれている。かつて日本軍が救出したシベリア孤児の物語を頭の中で何度も反芻《はんすう》し、もし日本が戦争に負けていなかったら、日本軍はなんとしてでもガザの孤児たちの救出を試みたのではなかろうか？と思わずにはいられない。

戦後80年一体いつまでアメリカの属国に甘んじていろというのか？　エマニュエル駐日大使の鶴の一声でLGBTQ法案可決だの、内政干渉にはうんざりだ。烏合の衆であるとはいえ、BRICSやグローバルサウスは〝多極化〟を打ち出し、グローバリストにNOを突きつけている。世界の潮流は日々変化を遂げ、来年トランプ氏が大統領に就任した暁には更なる大きな変化が待ち受けている。日本が自立を模索する千載一遇のチャンス到来ではなかろうか？　私が尊敬する師匠はこう言う。「まず最初に大事なことは〝意識〟です。日本は天命を受けた国で、天佑を保有していることを自覚すれば、後の行為はすべて自立に繋がってくる。物理的には自衛力と経済的自給力だが、これも外交力、通貨力すなわち〝信用力〟が日本再建の鍵となろう」

ともあれ、世界は第三次世界大戦・核戦争の一歩手前だ。エゼキエル戦争という愚かな戦争もヤハウェの御威光を世界に知らしめすためだけのものであるなら、そんなものまっぴらごめんだ。果たしてエゼキエル戦争の流れを止められる神様はどこにいるのか？　それは一神教の呪縛から無縁で、なおかつ人種平等・共存共栄の世界構築を導き続けてきた日本の神々ではなかろうか？　神人和合の新時代を構築してゆく時が到来しようとしている。日本人よ肚を括ろう！

大高未貴

令和6年12月8日

石田和靖（いしだ・かずやす）

1971年東京生まれ。東京経済大学中退後、会計事務所に勤務し、中東～東南アジアエリアの外国人経営者の法人を多く担当。駐日外国人経営者への財務コンサルティングを多く行う。2003年に独立。アゼルバイジャン、中国、サウジアラビアなど、アジア・中東諸国を50カ国以上を訪問し、各国の政府や要人と情報交換を交わす。最新の世界情勢を伝えるYouTubeチャンネル「越境3.0チャンネル」はチャンネル登録者数27万人を超える。主な著書に『第三世界の主役「中東」』（ブックダム）。『10年後、僕たち日本は生き残れるか　未来をひらく「13歳からの国際情勢」』（KADOKAWA）『エゼキエル戦争前夜　日本人が知らない中東の歴史と現在』（かや書房）

大高未貴（おおたか・みき）

ジャーナリスト。1969年生まれ。フェリス女学院大学卒業。世界100カ国以上を訪問。チベットのダライラマ14世、台湾の李登輝元総裁、世界ウイグル会議総裁ラビア・カーディル女史、パレスチナガザ地区ではＰＬＯのアラファト議長、サウジアラビアのスルタン・ビン・サルマン王子などにインタビューする。またアフガン問題ではタリバン全盛の98年にカブールに単独潜入し、西側諸国では初めてアフガン崩壊の予兆を報道。『父の謝罪碑を撤去します　慰安婦問題の原点「吉田清治」長男の独白』（産経新聞出版）『「日本」を「ウクライナ」にさせない！』（ワック）［『ジャパンズ・ホロコースト』解体新書］（ビジネス社）など著書多数。「真相深入り！虎ノ門ニュース」、「日本の惨状」、「日本文化チャンネル桜」などに出演。

中東と世界　2024-2035

2025年1月2日　第1刷発行

著　者　石田和靖 大高未貴

発行人　岩尾悟志

発行所　株式会社かや書房
〒162-0805
東京都新宿区矢来町113　神楽坂升本ビル3Ｆ
電話　03-5225-3732（営業部）

印刷・製本　中央精版印刷株式会社

ISBN978-4-910364-62-9　C0031